戦国BASARA らいばる占い

監修：株式会社カプコン
イラスト：ゆーぽん（ニトロプラス）
戦国BASARAらいばる占い制作委員会・編

アナタはどの武将タイプ!?

Contents

戦国BASARA-らいばる占い-とは

■戦国BASARA-らいばる占い-は、血液型と誕生日から導き出す運命占いです。48人の武将のうち一人をアナタの分身として、アナタの性格や仕事、恋愛、将来の運命を占います。■さらに、戦国BASARAでお馴染みの好敵手こと〝らいばる〟に基づいた相性占いも載せているので、友達や恋人を見つける手がかりになっちゃうかも……!?　■らいばる占いを使って、戦国以上に混沌とした現代を上手に乗り切ろう！

戦国BASARA-らいばる占い-の遊び方

*A 生年月日＆血液型に対応する武将のデータ。各武将の四文字冠、ビジュアル、セリフを紹介。

*B アナタの基本性格を解説。アナタの深層心理や他人との付き合い方を客観的に記しています。

*C アナタの仕事への取り組み方、恋愛に求めるもの、将来の展望について傾向と対策を解説。

*D アナタとらいばるの相性を「◎」「○」「△」「×」の記号で示しています。その理由も。

※*Dの記号解説
◎：相性抜群、文句なし最高！　○：相性良し、良好な関係。　△：付き合い方にご用心。　×：相性悪し、噛み合わないかも…。

step1 P004～005

自分の武将を探そう!!

P004～005のキャラクター早見表（縦軸：血液型／横軸：誕生日）を確認して、自分に該当する武将のプロフィールページに進みましょう。

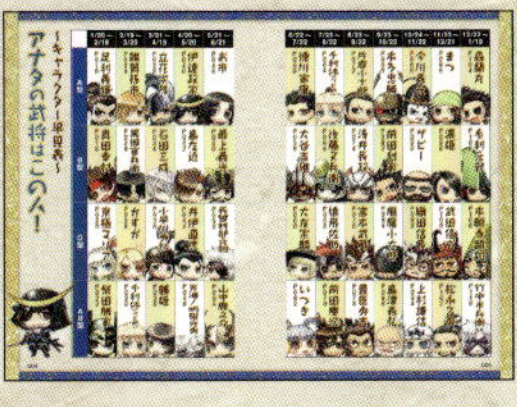

step2 P016～111

***A～*Cをチェック**

敵を知るにはまず味方、もとい己から。アナタの基本性格、仕事、恋愛、将来を確認して、自分の傾向と対策を把握しましょう。

step3 P016～111

***Dの相性を確認**

次に、アナタと特別な関係にある〝らいばる〟たちとの相性を確認します。気になった〝らいばる〟のページにジャンプして相手への理解を深めれば怖いものナシ。

step4 P006～014

武将たちのことを知ろう

P006～014ではゲーム中の人物設定やこれまで発売されたシリーズ作品を紹介。気になるキャラクターがいたら調べてみましょう。

いざキャラクター早見表へ Here we go!!

アナタの武将はこの人!

～キャラクター早見表～

	1/20～2/18	2/19～3/20	3/21～4/19	4/20～5/20	5/21～6/21
A型	足利義輝 P016	雑賀孫市 P024	立花宗茂 P032	伊達政宗 P040	お市 P048
B型	真田幸村 P018	黒田官兵衛 P026	石田三成 P034	島左近 P042	最上義光 P050
O型	京極マリア P020	かすが P028	小早川秀秋 P036	井伊直虎 P044	長曾我部元親 P052
AB型	柴田勝家 P022	千利休(サビ助) P030	鶴姫 P038	天海/明智光秀 P046	山中鹿之介 P054

武将紹介

真田幸村

武田軍

武田軍の若き熱血大将。総大将・武田信玄から軍を任され天下を目指す中、己にとっての〝風林火山〟を見いだそうと奮戦する。伊達政宗とはライバル関係。

P018

伊達政宗

伊達軍

奥州伊達軍を率いる若きカリスマ。異国の言葉と六本の刀を操るクールガイ。戦国乱世の幕開けと共に「竜王」を名乗り、天下統一のため日ノ本を駆け巡る。

P040

徳川家康

徳川軍

徳川軍の総大将。力によって人を支配する豊臣軍を離れ、人々の絆で太平の世をもたらそうと決起するが、結局は力を振るうことに変わりはないのではと悩んでいる。

P056

前田慶次

前田軍

新生・前田軍の総大将。風来坊で自由奔放だが、近頃は当主の意識も芽生えつつある。乱世に対して疑問を持つが、傾奇者としてその熱気を否定できずにいる。

P070

島左近

石田軍

豊臣軍の切り込み隊長。賭け事を好む陽気な青年で、軽薄な見た目や態度だけでなく身のこなしも軽い。主の石田三成に憧れており、忠義に厚い一面も見せる。

P042

石田三成

石田軍

主君・豊臣秀吉を神と称え、豊臣軍にすべてを捧げる若き武将。豊臣以外はどうでも良く他人の理解を求めない態度から、周囲の人間には恐れられることが多い。

P034

足利義輝

足利軍

あらゆる才能を持った室町幕府のかつての王。活気がない日ノ本を憂い、誰もが自らの運命を賭けられる世を作るべく、将軍の位を天に還し「戦国創世」を引き起こす。

P016

柴田勝家

織田軍

織田軍の若き尖兵。かつて謀反を起こしたため、実力はあるが地位は低い。現在はすべてを諦め、ただ命令に従うだけである。織田信長からはほぼ相手にされていない。

P022

千利休(サビ助)

千家衆

茶人・千利休のもう一つの人格。争いを嫌うワビ助とは対照的な、非常に好戦的な性格の持ち主。豊臣秀吉暗殺未遂の疑いで豊臣軍から追われる。

P030

千利休(ワビ助)

千家衆

二重人格の茶人。かつては豊臣軍の茶頭をつとめていたが、他人の考えを読み取ってしまう特殊な性質により豊臣秀吉を怒らせてしまう。

P064

片倉小十郎

伊達軍

「竜の右目」の異名を持つ、伊達政宗の腹心。達人級の剣技と、冷静な判断力を兼ね備えた軍師。竜王の名乗りを上げた主君を支え、道を外さぬよう見守る。

P072

京極マリア

京極浅井軍

浅井長政の姉。敵軍の武将すら目を奪われる美しい女性。自分自身がこの世で最も価値あるものだと考え、相手が自らに相応しいか否かを見定める物言いをする。

P020

武田軍

武田信玄

「甲斐の虎」と呼ばれる武田軍の総大将。民を想い乱世を終結させるために動く。軍の指揮は若き大将・真田幸村に任せているが、自らも戦場に立ち兵を鼓舞する。

P100

武田軍

猿飛佐助

武田家に仕える忍。真田幸村の部下で、真田忍隊の長。ひょうひょうとしているが、実力や忠誠心は揺るぎない。相手によっては恐ろしい非情で冷酷な一面を見せる。

P068

上杉軍

かすが

上杉謙信に心酔し、上杉軍に仕えるくのいち。忍としての能力は高いが、感情的になり周囲が見えなくなることがある。天下獲りを目指さない上杉謙信をもどかしく思う。

P028

上杉軍

上杉謙信

越後・上杉軍の総大将。冷静で穏やかだが、「軍神」と恐れられる戦の天才。日ノ本は足利義輝が治めるべきとし、好敵手・武田信玄との決着を見合わせている。

P094

毛利軍

毛利元就

安芸・厳島を本拠とする毛利軍の総大将。勝利のためには冷酷な戦術も用いる孤高の策略家。表向きは足利配下だが、安芸を日ノ本の中心とするため天下統一を目指す。

P106

長曾我部軍

長曾我部元親

西の海を制する長曾我部軍の総大将。部下から兄貴分として慕われている。移動式の海賊要塞・百鬼富嶽に乗り異国の海を想うが、友の徳川家康を助けたいとも思っている。

P052

織田軍

濃姫

織田信長の妻。織田信長に天下を獲らすべく画策し、それまでは戦女として戦うことを決意している。二丁の拳銃を使いこなし、戦場を蝶のように舞い踊る。

P098

織田軍

織田信長

魔王と恐れられる織田軍の総大将。天下を焼き尽くす情け容赦ない進軍を行い、日ノ本を恐怖で支配する。かつての謀反人、柴田勝家には既に関心がない。

P092

京極浅井軍

浅井長政

京極浅井軍の総大将。正義を重んじる生真面目な性格でプライドが高い。織田信長の妹で妻のお市と、足利派についた姉の京極マリアとの間で板挟みになっている。

P074

織田軍

森蘭丸

織田信長に仕える少年。織田信長を唯一無二の絶対者として崇め慕う。織田軍以外の人間は下に見ており、敵を無邪気に弓で射抜く姿は「魔王の子」と恐れられる。

P104

前田軍

前田利家

前田慶次の叔父。妻・まつの飯を何より好む。当主の座を前田慶次に譲るも、「槍の又左」と呼ばれた槍さばきは健在。かつての主君・織田信長の動向を気にかけている。

P082

京極浅井軍

お市

浅井長政の妻で、織田信長の妹。自虐的な思考の持ち主だが、浅井長政と共にいるときは平穏を保っている。依存心が強く夫を守るためには手段を選ばない。

P048

豊臣秀吉

豊臣軍

乱世の日ノ本を統一して強国とするため、過去を捨てて前だけに突き進む豊臣軍の総大将。圧倒的な力の持ち主であり、力こそが国を富ませ強くすると信じている。

P078

まつ

前田軍

夫の前田利家と共に、新生・前田軍を支えるべく薙刀と料理の腕を振るう武門の妻。前田慶次を当主としてふさわしい武将にするため、日々お説教を繰り返す。

P096

大谷吉継

石田軍

石田軍の参謀役。石田三成とは古くからの友人で、三成に島左近という部下ができた後も補佐をし続けている。竹中半兵衛に次ぐ軍師として、軍内での信頼も厚い。

P058

竹中半兵衛

豊臣軍

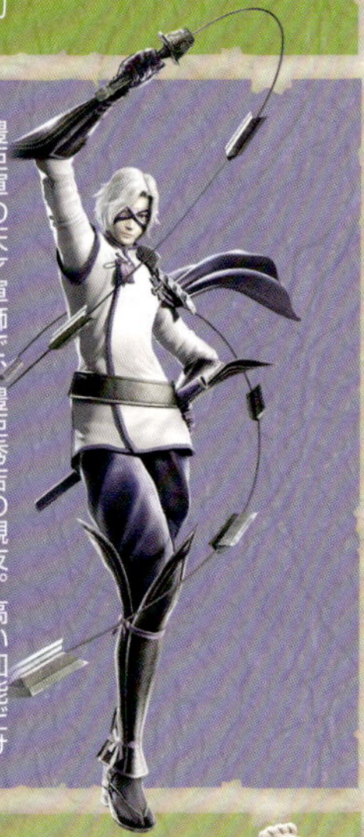

豊臣軍の天才軍師で、豊臣秀吉の親友。高い知能だけではなく、伸縮自在の剣も華麗に操る。日ノ本を強国とする友の夢と豊臣軍の未来のため、病を隠して戦う。

P110

後藤又兵衛

後藤浪人衆

元は黒田軍の武将だった浪人。プライドが高く、自分の誇りを傷つけた相手は〝又兵衛閻魔帳〟にその名を記し執拗に付け狙う。閻魔帳の最上位は伊達政宗。

P066

黒田官兵衛

黒田軍

黒田軍の総大将。元は豊臣軍の武将だが、竹中半兵衛と並び「二兵衛」と称される能力と野心を危惧され幽閉される。地下通路を巡らせ、再び乱世に野望を抱く。

P026

松永軍
風魔小太郎

かつて北条家に仕えていた伝説の忍。言葉も意志も示さず命令に従う。現在は松永久秀の〝ある目的〟のために雇われ、命じられるがまま日ノ本各地を転戦する。

P084

松永軍
松永久秀

自らが欲するものを得るためには手段を選ばない人物。伝説の忍・風魔小太郎を雇い足利派として行動するが、それすらも自身の求める〝何か〟のためにすぎない。

P102

伊予河野軍
鶴姫

伊予河野軍を束ねる巫女。預言という能力を持ち、社で大切に育てられたことから人を疑うことを知らない。「卑弥呼」を名乗る天の声を聞き、乱世の海へ船出する。

P038

雑賀衆
雑賀孫市

銃火器を操る傭兵集団・雑賀衆の三代目頭領。報酬の額ではなく、実力と生き様を認めた相手とのみ契約する。契約に値する勢力を見極めるべく戦場を駆ける。

P024

尼子軍
山中鹿之介

お目付け役の鹿「おやっさん」とともに尼子軍の主君・尼子晴久を探す武将見習いの少年。探偵能力は未熟で迷推理を連発する。武器や鎧はおやっさんからの借り物。

P054

井伊軍
井伊直虎

全ての男に敵意を燃やす井伊軍の熱血女大将。戦によって悲しむ乙女を救い、乙女のための世を作るべく剣を振るう。祝言を逃す原因となった武田信玄を敵視している。

P044

天海／明智光秀

小早川軍／明智軍

優柔不断な小早川秀秋を支える参謀役として兵士たちから尊敬を集めている謎の高僧。その正体は織田信長の側近である明智光秀。人の心を知るため、僧に扮している。

P046

小早川秀秋

小早川軍

小早川軍の総大将。主君としては優柔不断で小心者だが、食にかけては日ノ本随一のこだわりを発揮する食いしん坊。謎の僧・天海とは奇妙な主従関係を築いている。

P036

立花宗茂

大友軍

大友宗麟に仕える武将。忠義あふれる人格者で、武勇も日ノ本を代表する腕前。大友宗麟のわがままに振り回されながらも忠義を貫き、名刀「雷切」を轟かせる。

P032

最上義光

最上軍

出羽・最上軍を率いる武将。素敵紳士を自称する自意識過剰な人物。長い物には巻かれろの精神で、足利義輝と織田信長のどちらにつくべきか悩んでいる。

P050

本多忠勝

徳川軍

「戦国最強」の二つの名を持つ徳川軍の武将。豊臣軍の傘下となる以前から徳川家康に仕える。戦乱の中で再び立ち上がった主君のため、決意も新たに槍を振るう。

P080

大友宗麟

大友軍

大友軍の若き当主。怪しい宗教「ザビー教」を信仰し、やりたい放題の布教活動で周囲を困らせている。日ノ本各地に「ザビーランド」を建設するため旅立つ。

P060

宮本武蔵

二天一流と名付けた我流剣術を操る、気性の荒い無法者の少年。最強を目指し、名のある武人には遮二無二挑みかかるが、その名を天地に轟かせる日はまだまだ遠い。

P076

島津軍

島津義弘

島津軍の総大将。大剣による一撃必殺の〝示現流〟の使い手。示現流を完成させるため強者との戦いを求める。容赦ないその姿は「鬼島津」の異名で恐れられる。

P086

ザビー教団

ザビー

愛がすべてのザビー教の開祖。日ノ本全国・愛の統一計画のため、熱狂的信者と共に各地に赴く。目的のために手段を選ばず、手段のために目的を忘れることも。

P090

いつき一揆衆

いつき

一揆衆を率いる農民の少女。稲をつかさどる女神ウカノメから授かった巨大ハンマーを手に、戦乱を終わらすため戦う。大地に実る稲穂の海を夢見ている。

P062

本願寺軍

本願寺顕如

本願寺総本山をまとめる、金と筋肉を愛する豪快豪傑な僧。自らの教え「金は純金・体脂肪率は零」を守り、本願寺総本山の金力・筋力を轟かせんとする。

P108

今川軍

今川義元

雅な生活を信条とする今川家当主。戦場でもその信条は揺るがない。天下統一へと向かう世の流れを見逃さず、流行の最先端をいく者として負けじと上洛を目指す。

P088

シリーズ紹介

戦国BASARA

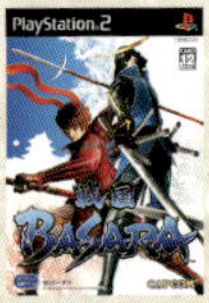

プレイヤーが実在の戦国武将となり敵の大軍を倒す、スタイリッシュ英雄アクションゲーム。合戦に勝利して領土を増やし、天下統一を目指す。

対応機種：PlayStation2
発売日：2005年7月21日

戦国BASARA2

スタイリッシュ英雄アクションゲーム第2弾。天下統一を目指すモードの他に、武将たちが持つ色鮮やかな物語を体験できるストーリーモードが加わった。

対応機種：PlayStation2
発売日：2006年7月27日

戦国BASARA2 英雄外伝(HEROES)

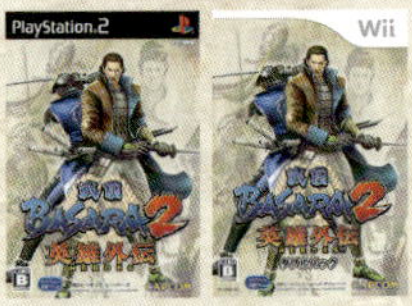

『2』で登場した全キャラクターを最初から使用することができ、衣装やシステムが増え、『2』では描き切れなかった外伝ストーリーモードも用意された。

対応機種：PlayStation2、Wii
発売日：2007年11月29日

戦国BASARA X

戦国BASARAの2D対戦格闘ゲーム。プレイヤー武将にはそれぞれ援軍が設定されており、対戦中に仲間を援軍として呼ぶことができる。豪快で強力な一撃BASARA技も搭載。

対応機種：アーケード、PlayStation2
アーケード版：2008年4月9日
PS2版：2008年6月26日

戦国BASARA バトルヒーローズ

戦国BASARAシリーズがPSPに初登場。PSPならではの通信機能を用いたチーム戦が特徴。やりこみ要素満載のミッションモードも追加された遊び応えのある一本。

対応機種：PlayStation Portable
発売日：2009年4月9日

戦国BASARA3

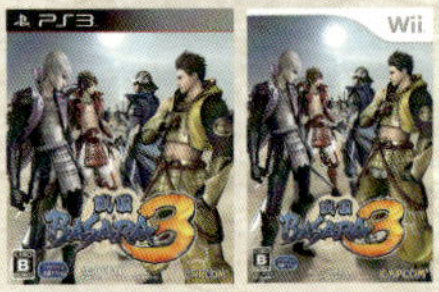

ナンバリングシリーズ第3弾。徳川家康と石田三成の関ヶ原の戦いが中心に描かれている。関ヶ原へと向かう武将たちの物語を描く戦国ドラマ絵巻モードが追加された。

対応機種：PlayStation3、Wii
発売日：2010年7月29日

戦国BASARA クロニクルヒーローズ

チームバトルで人気を博した『戦国BASARA バトルヒーローズ』の流れを汲む作品。『戦国BASARA3』までの名場面が多数収録され、シリーズの魅力を手軽に追体験できる。

対応機種：PlayStation Portable
発売日：2011年7月21日

戦国BASARA3 宴

『3』の敵武将も使用できるようになり、従来のストーリーモードに加え、天下統一モードも復活。究極を上回る難易度「婆裟羅」が追加された。

応機種：PlayStation3、Wii
発売日：2011年11月10日

戦国BASARA HD Collection

『戦国BASARA』『2』『英雄外伝』の3作をHDリマスター化し、1本にまとめた作品。追加要素として、キャラクターの隠し要素の解放などがある。

対応機種：PlayStation3
発売日：2012年8月30日

戦国BASARA4

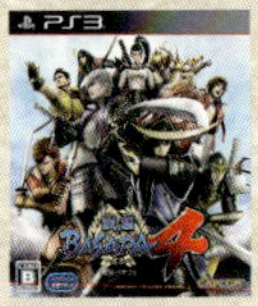

ナンバリングシリーズ第4弾。足利義輝による"天政奉還"により戦国時代の幕が上がるというストーリーが特徴。シリーズ最多となる40名の武将が参戦する。

対応機種：PlayStation3
発売日：2014年1月23日

戦国BASARA4 皇

足利義輝をはじめとした『4』での敵武将に加えて、千利休が新たにプレイヤー武将として参戦。新要素「合戦ルーレット」が戦場をさらに盛り上げる。

対応機種：PlayStation3、PlayStation4
発売日：2015年7月23日

※『戦国BASARA2 英雄外伝(HEROES)』のWii版は、『戦国BASARA2』とセットになったダブルパック。

48武将のらいばる占い
～アナタの基本性格とらいばるとの相性～

天政奉還《てんせいほうかん》

足利義輝

1月20日▼2月18日 A型

「己を燃やし、予を輝《て》らせ…！」

基本性格

●天に愛された才能豊かな神童

あらゆる才能に恵まれているアナタ。見渡す限り壁はなく、どこにでも行き、何でもできる力の持ち主。だからこそものに対する執着がなく、「大切なもの」を得ることが難しい、孤独な心も持っています。

●悪意のないトリックスター

自信にあふれた落ち着きのある人柄ですが、子どもっぽい心も持ち合わせています。面白さを求め、そのために周囲が驚くような突飛なことをしでかすことも。その行動は自分が面白ければ他人も面白いだろうという善意から来るものですが、他人の目には時に傲慢に映るようです。

●好奇心のままに動くと野暮に

他者の気持ちを量るのが苦手で、それを知るために無粋なこともします。思うままに振る舞いすぎないよう注意しましょう。

仕事　周囲を振り回す台風の目

才覚に溢れたアナタにとって、仕事は面白味のないものに感じそう。だからといって無理に面白さを求めると、周囲からひんしゅくを買います。

恋愛　人は多くも心は通わず

才能や地位に惹かれて集まる人は多く、その中には面白味のある人もいるでしょう。ただ、心から愛する人に出会うには時間がかかりそうです。

将来　雨を降らせりゃ地固まる？

熱い人が好きなアナタは、余興を求めて世をひっくり返すような行動を起こします。その中でアナタの本心を見抜き、真の友となる人を得られそうです。

らいばるとの相性

前田慶次→P070へ

寂しさを見抜き真の友へ

人と関わり、別れや出会いを経験してきた慶次タイプは、アナタの孤独を見抜く慧眼を持っています。アナタの心の隙間を埋める友となるでしょう。

京極マリア→P020へ

愉悦を求める道楽仲間

アナタの才覚と器に惹かれ、そばにあろうとするマリアタイプ。見ている世界が近いためか、アナタが面白いと思うものを同じく楽しんでくれます。

松永久秀→P102へ

アナタを刺激する危険な魅力

久秀タイプは、何かを目論んでアナタに近づいてくる危険人物。ただ、それがアナタに新たな刺激を与え、人生の色どりとなります。

千利休(ワビ助)→P064へ

理解者と期待するも……

人の機微に聡いワビ助タイプ。アナタを理解する存在と期待しますが、優しすぎるワビ助タイプはアナタを受け入れきることはできなさそう。

天覇絶槍《てんはぜっそう》

真田幸村

1月20日▼2月18日 B型

「この幸村…奮いますぞ、お館さむァアアアアッ!!」

基本性格

●猪突猛進！吼える熱血漢

勢いのままに突っ走れる行動力と集中力を持つアナタ。その反面、テンションが上がりすぎると周囲が見えなくなることも。

●素直さが売りの実直人間

物事を素直に受け取ることができるストレートな性格で、良いものは良い、悪いものは悪いとはっきり自己主張ができ、竹を割ったような清々しさがあります。その分隠し事や自分を偽るのは苦手。無理に取り繕うと逆効果だったりします。

●自分なりの終着点を見出す努力家

感銘を受けた教えをただ鵜呑みにするのではなく、自分なりに解釈しようとする努力家でもあります。どんなことでも自分が納得できるまで考え、答えを追い求めます。ただの熱血漢ではなく、きちんと物事をかみ砕く思考家の一面も。

仕事 熱い闘志で大抜擢も!?

持ち前の素直さとやる気で上司から愛されるアナタは、重要な業務を任されることも。強い責任感を持って働く姿に、支えてくれる人も多いはず。

恋愛 等身大でアタックすべし

好きな気持ちを隠すことができないアナタは、いっそ全力で愛を伝えるが吉。恋愛は駆け引きといいますが、他人の決めたセオリーなんて関係なし！

将来 将来有望な若きリーダー

今はまだ滾《たぎ》る思いのまま突き進む若虎ですが、じっくりと成長中。様々な出来事やライバルとの戦いを経て、自分なりの風林火山を見出してください。

らいばるとの相性

伊達政宗→P040へ

ともに高みを目指す好敵手

立場や考えが異なっても、高みを目指す部分は一緒。心の深いところで通じあえるライバルになれます。正反対だからこそ、逆に反りが合うのかも？

武田信玄→P100へ

全身で信頼し合える熱い絆

勢いのあるアナタをどっしりと迎え入れてくれる信玄タイプとは、お互いの考えを言葉と態度で伝え合える間柄です。時には拳で語り合うことも。

猿飛佐助→P068へ

世話焼きな皮肉屋

冷めたところのある佐助タイプ。対照的だからこそ、アナタの熱意に惚れ込むとなんだかんだと手厚いサポートをしてくれます。

井伊直虎→P044へ

熱血嫌いに取り付く島なし

熱血で暑苦しい男が嫌いな直虎タイプにとって、アナタは鬼門。歩み寄ろうとしても聞く耳を持ちません。まずは相手が冷静になるのを待ちましょう。

愛染艶花《あいぜんえんか》

京極マリア

1月20日▼2月18日 O型

「貴方は、妾を奪うに相応しい？」

基本性格

●欠のない絶世の宝

美しく華やかな雰囲気のアナタは、まさに高嶺に咲く花のよう。自分でもそれを自覚し、まるで自分が現世一の宝だと考え、実際にそう思わせるだけの魅力と裏付けのある自信を持っています。

●自分本位な箱庭の主

美しいものや完璧なものを求め、収集し愛でることが何よりの楽しみ。もちろん自分自身もその一つ。苦労は大嫌いで、他の人がすればいいと考えています。美しいものに囲まれ、蝶よ花よとわがままな振る舞いを望み、またそれが絵になっています。

●集めるだけでなく、それを守ろうとする心も

思わせぶりな態度で他者を誘惑するアナタ。誰彼かまわずそうしているわけではなく、その心中には隠された目的が。他者に頼り切る怠惰の仮面をかぶり、自らの「大切なもの」を守ろうとしています。

仕事　艶美にほほ笑む組織の顔

アナタは存在自体に価値があり、労働とは無縁なところにいます。面倒事は他者に任せ、アナタはみんなの顔として堂々としていればいいのです。

恋愛　求めるのは確かな実力者

恋人に求める条件は、愛や情よりも自分を手に入れるのにふさわしいか否か。相手の人格よりも、能力や立場といった確かなものに惹かれるようです。

将来　的確な観察眼で乱世を泳ぎ切る

他者を見定めるアナタの判断力はとても正確で、そのため常に危険からは遠い場所にいます。その眼でアナタ自身と、大切なものを守っていけます。

らいばるとの相性

浅井長政
→P074へ

アナタを守るかわいい手足

根が生真面目でお人好しな長政タイプは、なんだかんだとアナタを守り、わがままを叶えてくれるかわいらしい存在。たまのちょっかいは愛情です。

足利義輝
→P016へ

宝を得る完全無欠の王

何事も器用にこなす義輝タイプは、アナタが自分を得るにふさわしいと認められる相手です。そばにいるだけでアナタの欲求を満たしてくれます。

お市
→P048へ

大好きなアナタの“部品”

美しいものが大好きなアナタにとって、怪しげな魅力のお市タイプはお気に入りの存在。何かと気を掛けますが、相手にとってはありがた迷惑……？

立花宗茂
→P032へ

気の利かない堅物

堅苦しく古風な考えを持つ宗茂タイプは、アナタの奔放さを理解できません。下手なフォローにかえってアナタは機嫌を損ねてしまうでしょう。

破願一望《はがんいちぼう》

柴田勝家

1月20日▼2月18日 AB型

「例え貴方を降《くだ》せたとしても、
私に呷《あお》れる盃はない…」

基本性格

●自信家ゆえに折れるともろい

元来野心家のアナタ。しかし高い壁にぶつかることで、大きな挫折や絶望に取りつかれてしまいます。たった一度の過ちと人は言いますが、アナタの芯はぽっきりと折れ、修復には時間がかかりそうです。

●着実に指令をこなす尖兵

アナタは人が嫌がる仕事や難しい任務であっても、文句を言わず坦々と臨みます。独自性ややりがいにこだわらない気質のおかげで、気づけばたくさんの実績を積み上げることに。ただし、あまりに腰が低いと、アナタへの感謝を忘れる人が出てくるかも？

●志敗れた王は、目覚めの時を待っている

何もかもが嫌になってしまったアナタですが、胸の奥底には今も闘志が眠っています。しかし自分でもそれに気づいていません。ライバルの登場が、厭世的なアナタの人生を変えるでしょう。

仕事　狂いのない歯車の一つに

ただ命令を坦々とこなすだけとはいえ、アナタの堅実な仕事ぶりは多くの人を支えます。期待に応えようとはしませんが、及第点はこなします。

恋愛　一度一度に人生をかける

人を思いぬく強い愛を持ちながら、伝えることができない奥手。告白する前に振られてしまうことが多そう。失恋から立ち直るのにも時間がかかります。

将来　いずれ訪れる再起のとき

絶望に染まったアナタの心も、多くの出会いやライバルの出現によって少しずつ光が差していきます。トンネルには必ず出口があるのです。

らいばるとの相性

島左近 →P042へ

同じ境遇を持つ先導者

アナタと同じく大きな絶望を味わった過去を持つ左近タイプ。境遇を同じくするアナタを気にかけ、暗闇から引き上げる先導者となってくれます。

伊達政宗 →P040へ

啓示をもたらす昇龍

面倒見がよくカリスマ性を持った政宗タイプは、覇気のないアナタを放っておいてはくれません。進むべき道を示し、導きを与えてくれます。

前田利家 →P082へ

アナタを気にかける者

直接何かをすることは少ないですが、アナタを常に想い、心配してくれる利家タイプ。歩み寄ることができれば、喜んで手を貸してくれます。

お市 →P048へ

想いは一方通行？

妖艶な魅力を持つお市タイプに、アナタはどうにも惹かれてしまいます。ただ、向こうにとってはあまり関心がないらしく、相手にはされません。

煙鳥翔華《えんちょうしょうか》

雑賀孫市

2月19日▼3月20日 A型

「怖れよ、誇り高き、雑賀の名を！我らを！」

基本性格

●誇り高き高潔なる仕事人

実力と精神力を兼ね備えたアナタは、仕事に対するプライドが非常に高く、金銭や名声で動かされることはありません。自身を正しく評価する人だけを認め、誇り高くあることを生き様としています。ポーカーフェイスで常に余裕を見せ、大物相手であろうと怯まない度胸を持っています。

●堅実なかじ取り役

顔が広く、情報収集力に長けています。集めた情報を元に状況を判断し、慎重に自分たちの進む道を見定める用心深さがあります。

●素の顔は面倒見のいい姉貴分

仕事に対しては高潔であろうとするアナタですが、プライベートでは柔和な顔を見せます。叱ったり的確なアドバイスをしたりと面倒見がよく、優しくも厳しい姉のような存在です。

仕事　仲間思いのワンフォアオール

全は一、一は全という考えのアナタは、集団をまとめる良きリーダー。強い力を持ちながら、振りかざすことなく団結する度量があります。

恋愛　相手選びは慎重に

強く高潔な美しさを持つアナタに惹かれる人はあとを絶ちません。恋愛においても、アナタを正しく見てくれる相手を選ぶのが吉のようです。

将来　倒すべき巨大な壁が参戦

仕事に私情を持ち込むことのないアナタですが、感情的になってしまう出来事も起こり得ます。それを乗り越えることで、真の強さを得るでしょう。

らいばるとの相性

長曾我部元親

→P052へ

アニキもアナタの弟分？

男気でみんなをまとめるアニキ気質な元親タイプも、アナタから見れば血気盛んな弟のような存在。似た気質を持つためか、お互い補い合える関係に。

鶴姫

→P038へ

天真爛漫な妹分

純粋無垢な鶴姫タイプ。危なっかしい妹のような存在ですが、自分が持っていないその天真爛漫さは少しうらやましい部分でもあります。

山中鹿之介

→P054へ

広きを見すぎて灯台下暗し

身近な人間への配慮が足りない鹿之介タイプは、アナタにとって怒りを通り越してもはや呆れの対象。理解するまで叱ってあげましょう。

織田信長

→P092へ

一歩間違えると憎悪の対象に

利用できるものはどこまでも利用し、平気で打ち捨てる非道さを持つ信長タイプ。理解し合えず、いつか倒すべき敵となりかねません。

機略重鈍《きりゃくじゅうどん》

黒田官兵衛

2月19日▼3月20日 B型

「野望を抱いて、何が悪い!? 小生だって! 群雄割拠の端くれだぞ!?」

基本性格

●穴倉から天下を狙う不遇な野心家

夢と野望に満ち満ちたアナタ。そのための知恵も力も持っているはずなのに、何故かここぞというときにすべてが裏目に出る運の悪さが玉に瑕。不運さゆえに、不遇な環境からなかなか逃れられません。

●能力があっても詰めが甘い？

優れた慧眼を持ち、目標に向けて確実な策を巡らせることを得意とします。とはいえ、堂々たる野心家っぷりやその口の軽さから失敗することもしばしば。アナタの成功が遠いのは、不運ばかりが原因ではないかもしれません。

●決してめげない超ポジティブシンキング

いくら失敗しても、どんな逆境でも懲りることを知らず、果敢に挑戦するアナタ。その諦めの悪さと行動力は称賛に値します。頑張りすぎて自棄になると、反動でおかしな方向に道を踏み外す恐れも……？

仕事 気のいい人か危険分子か

野心を隠そうともしないアナタは、その清々しさから部下や一部の上司から好かれるでしょう。反面、不穏分子として遠ざけようとする人もいます。

恋愛 何気ない一言が運と縁の尽きに？

大らかで感情表現が豊か。気のいいアナタは多くの人に慕われます。ただ、軽口やそのラフさに呆れられることも少なくないはず。気をつけましょう。

将来 野望の道は果てしない……

野心に燃えるアナタですが、次第に手段が目的にすり替わります。たとえ当初の目的が果たされたとしても、また新たな野心が生まれるでしょう。

らいばるとの相性

後藤又兵衛→P066へ

素直じゃない憎まれっ子

アナタを小馬鹿にしている又兵衛タイプですが、なんだかんだとアナタに手を貸してくれます。ただし、気を抜くと痛いしっぺ返しを食らうかも。

大友宗麟→P060へ

その愛に惑わされたら最後

愛に純粋な宗麟タイプ。その真摯な瞳に負けて、つい力を貸してしまいます。そのまま取り込まれないように気をつけましょう。

竹中半兵衛→P110へ

余裕を持った上から目線？

土俵を同じくする半兵衛タイプ。自分の立場を脅かす存在であるアナタの才能を、その野心ごと認め、評価します。アナタはそれが気に入りません。

大谷吉継→P058へ

影から邪魔する疫病神

やることなすことうまくいかないアナタの、不運以外の元凶は吉継タイプといっても過言ではありません。呪詛のようにアナタの身をむしばみます。

月下為君《げっかいくん》

かすが

2月19日▼3月20日 O型

「この命…ひとかけらまで、あの方のために…」

基本性格

●売られたケンカは倍返し

しなやかで柔軟性のある仕事をするものの、勝気で血の気が多く、どんな相手でも感情のままに食って掛かるケンカっ早い一面も。豊かな情緒は長所ですが、ビジネスの面では短所にもなりかねません。

●愛に生きる月下の君

この人！と心に決めるとどこまでも一途に思い続け、身を削るほどの献身を見せます。愛のためならば命さえ惜しまず、その覚悟で実力以上の力を発することさえあります。反面、盲目的な愛は思考を鈍らせ、正常な判断が下せなくなる弊害も。アナタを気遣う他人の忠告さえ耳に届かなくなります。

●気遣いを素直になれない意地っ張り

仕事熱心ではありますが、本当は争いが苦手な心優しいアナタ。その頑張りを心配してくれる人もいますが、意地っ張りな心が受け取りを拒否します。

仕事　熱心ゆえの無茶に注意

能力が高くやる気にも満ちたアナタですが、期待に応えようと無茶をしてしまうこともしばしば。見栄を張らず、素直に助けを求めましょう。

恋愛　身に滾る愛はぶつけてこそ！

愛に一途に生きながら、本人を前にするとなかなか思いを伝えられないアナタ。一人で妄想せず、きちんと伝える努力をしましょう！

将来　いつか自分を見失うことに

心に決めた人にすべてを捧げているアナタは、その拠り所が失われたときのことを考えません。その献身が依存でないか、一度冷静になりましょう。

らいばるとの相性

上杉謙信 →P094へ

「つるぎ」の扱いに長けた賢人

アナタの献身に全面の信頼で応えてくれる謙信タイプ。血の気の多いつるぎのようなアナタを諭し、冷静に進むべき道を示してくれます。

猿飛佐助 →P068へ

アナタを心配する隣人

ふざけた態度でちょっかいをかけてくる佐助タイプですが、その態度の裏にはアナタに対する心遣いが隠れています。たまには素直になりましょう。

前田慶次 →P070へ

恋に生きる良き理解者

誰かを思う気持ちに敏感な慶次タイプは、アナタの愛に生きる姿を肯定してくれる理解者です。気のいい慶次タイプは相談役にもうってつけです。

後藤又兵衛 →P066へ

理解のできない祟《たた》り神

憎しみに取りつかれた又兵衛タイプは、アナタとは正反対。何を考えているのか、何をするのか見当がつかず、アナタの周囲に混乱を呼び込みます。

侘美寂美《わびさび》

千利休（サビ助）

2月19日▼3月20日 AB型

「利休は己《オレ》だ、アイツじゃねえ…だから憎めよ、己だけを！」

基本性格

●根は堅実なしっかり者？

粗野な態度をとりながら、作法にうるさくもてなし好きなアナタ。そのギャップから、アナタを理解する人からはよく信頼され、好かれるでしょう。

●衝動のまま突き進むさまよい人

好戦的な荒くれ者で、気に食わない相手には誰彼かまわず食って掛かります。その度胸は「人間はいつか死ぬ」ということを悟っているからこそ。刹那的で向こう見ずな行動は、その思想が影響しているようです。限られた時間の中でもがき続けています。

●実は利他的な献身者

はたから見ていると利己的に他人を虐げているように思えますが、実はその逆。悪者を演じることで他者の苦しみをすべて背負おうとする、自己犠牲的な思想の持ち主です。やり方は厳しく過激ですが、実は世話焼きで心から憎まれることもありません。

仕事　道を切り開く一番槍

他者を引っ張り、勢いに乗せる音頭取りです。案ずるより産むが易しとばかりに、もたもたする周囲のために道を切り開いていきます。

恋愛　呆れながらも連れ添う愛

世話焼きのアナタは、ちょっと手がかかるくらいの相手がお似合いです。なんだかんだと文句を言いながら、甲斐《かい》のある心地よい居場所となります。

将来　いつか自由を手に入れる

自身を「こうあるべき」と定め、枷を作ってしまうアナタ。心の中では真の自由を求めています。道のりは長くとも、いつか本当の自由を得るでしょう。

らいばるとの相性

千利休(ワビ助)→P064へ

目が離せない守るべき者

心優しいワビ助タイプは、アナタから見ると目が離せない弟のような存在。その世話を焼くことがアナタの生き甲斐となるでしょう。

柴田勝家→P022へ

内に潜む怪王の匂いを察知

野心を持ちながら自身を抑え込む勝家タイプは、アナタが「放っておけない」対象です。その本心はアナタと似た匂いがしています。

松永久秀→P102へ

乗るか反るかの大博打

なかなか心の内が読めない久秀タイプ。利害が合えば手を組むのもいいですが、リスクが大きい劇薬であることを重々肝に銘じたほうがよさそう。

豊臣秀吉→P078へ

理屈の通じない絶対覇王

不要なものを排除しようとする秀吉タイプは、アナタの大切なものまで奪おうとします。異なる信条は、言葉で理解し合うには難しいでしょう。

青天白日《せいてんはくじつ》

立花宗茂

3月21日▼4月19日 A型

「勝鬨《かちどき》はこの雷切《らいきり》にて…!」

基本性格

●心技体兼ね備えた真の忠臣

忠義を貫き、人格、武勇ともにその名を轟かす質実剛健なアナタ。他者を敬い、大切にする温かな心も持っています。そんなアナタの長所でありながら最大の短所となるのはその我慢強さ。忠義の厚さからNOと言えず、どんなに無茶な要望でも聞き入れ、そして実現してしまいます。

●秘密は心の中に押し込めて

表向きはザ・武人なアナタですが、小さな弱音が心の中に巣くっています。立場上言えないことや愚痴はぐっと飲み込んで、いつだって謹直であろうとしてしまうアナタ。溜め込みすぎてときどき漏れる心の声はご愛嬌……で済めば良いのですが。

●逃れられぬ忠義の心

そんな自分に疲れて逃げ出そうとしても、胸を支配するものから目を背けることはできません。

仕事　その不遇さに救いの手続出

どんな無茶にも真摯に応えようと奮闘します。その姿に敵味方関係なく、アナタを支えようと協力者が現れるでしょう。仕事仲間にはとても恵まれます。

恋愛　無茶を聞く甘さが逆効果

心優しいアナタは、仕事でもプライベートでも振り回されがちです。その無茶は、受け止めてくれると信頼しているからこその甘えなのかもしれません。

将来　進むべき道はただ一つ

たとえ茨の道でも、心に決めた人のために心血を注ぎます。やだなぁと思ったところで、アナタの心に他の選択肢が浮かぶことはありません。

らいばるとの相性

大友宗麟→P060へ

お互いなくてはならない存在

純粋無垢で不思議な魅力のある宗麟タイプは、アナタに全幅の信頼を寄せてくれます。無茶振りも多いですが、つい応えたくなってしまいます。

島津義弘→P086へ

拳と酒を交わす良き友人

たゆまぬ努力で高みを目指す義弘タイプは、仕事抜きで語り合える友となります。たまには気のいい義弘タイプに愚痴を聞いてもらうのもありかも。

井伊直虎→P044へ

荒々しいお節介焼き

直虎タイプは、自分のことを後回しにしがちなアナタの尻を蹴飛ばしてくれます。過激ですが、アナタとその大切な人の幸せを願ってくれます。

京極マリア→P020へ

歩み寄りすら許さないお姫様

華美で壮麗なマリアタイプにとっては、心優しいアナタの言動すべてが優柔不断に見えて気に入らない様子。何をやっても逆効果になりそうです。

君子殉凶《くんしじゅんきょう》

石田三成

3月21日▼4月19日 B型

「私は豊臣の将だ…ただそれだけであれば良い…！」

基本性格

●仕事熱心で猪突猛進！

理想や目標を明確に持ち、進むべき道を素早く判断できる観察眼と高い状況把握能力を持つアナタ。ただ、灯台下暗しで自分のことが疎かになることも。

●芯の通った強い意志の持ち主

何事にも全力で取り組む熱心さと、与えられた仕事を完遂しようとする強い責任感を持つアナタの元には、その一本気に惚れ込んで多くの人が集まります。自分にも他人にも厳しい姿勢と、その揺らがない心はさまざまな人から厚い信頼を得ています。

●思い込みの激しさが玉に瑕？

裏表がなく真面目で誠実。ただ感情的になりやすく、融通が利かない頑固者です。他人の意見を理解しようとせず、一度ぶつかると親友さえ大嫌いな存在に。そんなアナタを恐れる人も多いですが、心配して見守ってくれる存在もきっとそばにいるはず。

仕事　てきぱき動く縁の下の力持ち

的確な指示を出せるうえ、自分も率先して働く仕事人。目標に向かってガンガン進んでいくアナタは、自然とまわりのやる気を引き出していきます。

恋愛　感情任せの発言に注意！

誠実で深い愛情を持ちながら、感情的になるとつい強い言葉を放ってしまいます。その激しさもアナタの魅力ですが、言い過ぎた後はフォローを。

将来　集団をまとめる影のキーマン

一国一城の主、というよりは、その補佐役としてなくてはならない存在に。後輩の面倒見もよく、目立ちはしませんが影のキーマンとなるでしょう。

らいばるとの相性

大谷吉継→P058へ

苛烈なアナタの冷却剤

アナタの信頼に応えてくれる良き相棒。どこか斜に構えた吉継タイプは、感情的になりやすいアナタのストッパーになってくれます。

島左近→P042へ

強張った心をほぐす弟分

深い尊敬と親愛を向けてくれる左近タイプ。その人懐っこさとノリの軽さに呆れることもありますが、そっと肩の力を抜いてくれます。

豊臣秀吉→P078へ

人生における道しるべ

何事にもストイックで器の大きな秀吉タイプは、アナタの理想とするところ。人生においての大きな目標となってくれます。

徳川家康→P056へ

相棒か宿敵か？両極端な関係

正反対な性格の家康タイプは、うまく噛み合えばお互いが最高の相棒となります。ただ、理解しあうことを忘れてしまうと、関係がこじれることも。

無明秋夜《むみょうしゅうや》

小早川秀秋

3月21日▼4月19日　O型

「焦っちゃ駄目だ、ぼくはお腹が減ってるだけなんだ」

基本性格

●好きなものには強いこだわり

好きなものに対して強い執着とこだわりを持つアナタ。そのためなら恐ろしい相手でも果敢に立ち向かいます。唯一無二の趣味を持てれば、それがアナタの人生の原動力となります。

●臆病さは優しさと紙一重

争いが嫌いなアナタは、いつもビクビクと人の顔色ばかり窺ってしまいます。ケンカに巻き込まれないよう鍋の中に引きこもってしまうことも。ただそれは、自分はもちろんですが他人を傷つけたくないという心根の優しさでもあります。優柔不断と言われても、持ち前の愛嬌で事なきを得てください。

●その実かなりの度量持ち？

弱虫と言われることが多いアナタですが、正体不明の相手すら身内に引き込む度量を持っています。普通はなかなかできることではありません。

仕事　不得手を捨て趣味に走るが吉

好きなことであればどこまでも熱量を注げるアナタは、無理に向かない仕事をするよりも、いっそ趣味に打ち込むのが成功のカギに。

恋愛　好きの気持ちははっきりと！

優柔不断な態度が恋愛に出てしまうと、相手に不安を与えてしまいます。趣味と同じく「好きだ！」という気持ちを全面に押し出してみましょう。

将来　目指すは高尚な趣味人？

人の上に立つよりも、自分の「好き」を追い求め、その筋で右に出るものがいないくらいに昇華させる道のほうが向いているようです。

らいばるとの相性

天海/明智光秀 →P046へ

素直になれないサポーター

物事を決められないアナタの代わりにテキパキと采配を振るってくれます。ちょっかいをかけてくることもありますが、親愛の一種ととりましょう。

片倉小十郎 →P072へ

尊敬すべき仕事人

アナタが求める趣味の世界において、その高みを目指す追求者である小十郎タイプは憧れの存在。深くまで語り合える熱い絆を築けます。

まつ →P096へ

認め合えるライバルに？

同じ界隈において一家言を持つまつタイプは、アナタにとって無視できない存在。話してみればきっと意気投合し、良きライバルとなるでしょう。

毛利元就 →P106へ

恐ろしい目の上のたんこぶ

人の上に立ち指揮を行う元就タイプは、好きではない仕事を任されるうえに叱られる、恐ろしくもあまり従いたくない存在です。

純白可憐《じゅんぱくかれん》

鶴姫

3月21日▼4月19日 AB型

「みなさまみーんなに、ご加護がありますよーに☆」

基本性格

●歩く性善説主義者

純粋無垢で擦れたところがなく、人の言葉を善意に受け取れるアナタ。悪意を知らない純粋培養の世間知らずでもあります。そのために騙されやすく、おだてに弱いことも自覚しましょう。

●熱心すぎて危うげな思想家

清く正しくをモットーに清廉潔白なアナタは、まさしく善意の塊が服を着て歩いているような存在です。己のできることを全力でこなし、ときに突飛な思考や行動で周囲を困惑させることも。信じる正しさに一直線、我が道を突き進む姿は立派ですが、どこか危うげな印象があります。

●いつだって自分が主人公の少女漫画脳

感受性が強く想像力もたくましいせいか、自分の世界に没頭する癖もあります。さらに思い込みも激しいため、妄想と現実の区別がつかなくなることも。

仕事　使命感の強い頑固者？

自分の信条に沿った仕事であれば熱心に取り組む真面目なアナタ。ただし納得できないことはどうしても受け入れられない、頑固さが玉に瑕です。

恋愛　恋に恋する妄想脳

少女漫画脳のアナタは、片思いでも都合のよい妄想に浸りがち。苛烈なまでの感情表現と自己陶酔はアナタの原動力になりますが、相手のことも考えて。

将来　今はまだ井の中の蛙

今のアナタは世間に出たばかりで、まだまだ浮足立った状態。地に足着けるためにはまず思い込みを捨て、世の中を正しく見る目を養いましょう。

らいばるとの相性

山中鹿之介→P054へ

真実を照らす水先案内人

推察眼のある鹿之介タイプは、務めに盲目になりがちのアナタを的確にフォローし、正しい方向へと導いてくれます。

風魔小太郎→P084へ

アナタを助ける白馬の王子？

寡黙でさっそうとアナタを助ける宵闇の羽の方に、アナタはぞっこん。たとえ最初は相手にされなくても、お構いなしに攻めていきましょう。

雑賀孫市→P024へ

敬い慕う姉貴分

面倒見がよく、アナタの自由さを押さえつけることなく見守ってくれる孫市タイプ。まるで本当の姉妹(兄弟)のように、お互いを尊重しあえます。

長曾我部元親→P052へ

手におえない不良者

育ちがよく正義感の強いアナタにとって、ガサツで無法者な元親タイプは無視できない存在です。行いを正そうとしても、なしのつぶてのようです。

奥州筆頭《おうしゅうひっとう》

伊達政宗

4月20日▼5月20日 A型

「アンタは知ってるか?
誰かを導く喜びってヤツを」

基本性格

●「粋」を貫くクールな国際派

Coolでありながら向こう見ずで怖いもの知らず、何より「粋」であることを信条とするアナタ。楽しそうなPartyが大好きで、海外の人とも気兼ねなく仲良くなれる優れたコミュニケーション能力の持ち主です。

●敵さえ受け入れる度量の大きさ

細かいことは気にしない性格のアナタにとっては、激しくバトルした相手でも翌日にはみんな友達。あまりに平然とフレンドリーに接するので相手の理解が追い付かないこともしばしば。その性格が幸いして、不思議と敵を作りません。

●負けても諦めない強いハート

やんちゃが過ぎて、ときには返り討ちに遭うことも。それでも、隻眼のコンプレックスを乗り越えたように、辛いことがあっても諦めずに乗り越えていける強い心を持っています。

仕事 高いカリスマ性 自ら先陣を切る

どんな仕事でも先陣を切っていく姿はまさにカリスマ。仲間の信頼も厚く、若い部下に好かれる性質の持ち主です。ただし暴走しすぎには要注意。

恋愛 柔軟な思考 相手を重んじる

自らの「粋」に信念を持ちながらも「自分は自分、人は人」という柔軟な考え方ができます。相手を尊重することで、良い関係を築けます。

将来 来世を駆け巡り いずれは「竜王」に

夢の大きさも人一倍。「竜王になる」というくらいどデカい目標を掲げ、あえて公言して突き進みます。なぜなら、それが「粋」だから。

らいばるとの相性

真田幸村 →P018へ

終生のライバルかつ戦友

まったく違うのに、どこか似ている幸村タイプ。ぶつかることも多いですが、なぜか不思議とウマが合い、お互い高め合っていくことができます。

片倉小十郎 →P072へ

無茶を支えてくれる兄貴分

頼れる兄のような存在の小十郎タイプは、無茶しがちなアナタをフォローしてくれる包容力の持ち主。ただし頼りすぎると厳しいお説教が……！

石田三成 →P034へ

敵に回すと痛い目に遭う!?

三成タイプは接し方に要注意。頑固者なので、関係がこじれると徹底的にぶつかり合います。素直な人なので、腹を割って話せば仲良くなれるかも？

後藤又兵衛 →P066へ

すべてが裏目に出る天敵

やることなすことすべてが上手く伝わらない又兵衛タイプ。うっかりプライドを傷つけた日には、〝又兵衛閻魔帳〟に名前が刻まれてしまうかも……。

双天来舞《そうてんらいぶ》

島左近

4月20日▼5月20日 B型

「いざ、出たトコ勝負ッ！」

基本性格

●有利な場を作り出すギャンブラー

陽気でノリが軽く、お調子者のアナタは、周囲を自分のペースに巻き込む嵐のような存在。変幻自在で挑発的なアナタの振る舞いに調子を崩した相手から、次々に勝ちをさらうド級のギャンブラーです。

●憧れに近づくために奮闘

ユーモラスでひょうきんな態度に反して、一本芯の通った厚い忠義の心を持っているアナタ。尊敬する相手にはどこまでもついていき、認められようと努力します。ただ、距離を近づけすぎると、普段の陽気でハイテンションなノリが災いして、なれなれしく思われてしまうこともあるので注意しましょう。

●絶望を乗り越え、未来をつかむ

頭も態度も軽いと自嘲しながら、心中には強い責任感を秘めています。真面目ゆえに自暴自棄に走ることもありますが、それを乗り越える強さがあります。

仕事　空気を取り持つアジテーター

お調子者のアナタは職場のムードメーカー。失敗しても場を沈めることなく、持ち前の明るさで士気を上げ、道を切り開く切り込み隊長です。

恋愛　恋愛だって出たトコ勝負!?

ギャンブラー気質のアナタは、恋愛でも駆け引きを楽しみます。本気のときほど大勝負に出てしまい、盛大にスってしまうこともありそうです。

将来　経験を活かす因果応報

大きな挫折を味わっても、新たな目標を得ることで再起します。そしてその経験を忘れることなく、同じ境遇の人に手を差し伸べる度量も得るでしょう。

らいばるとの相性

◎

柴田勝家

→P020へ

絶望を宿した、いつかの姿

つらい経験により自身を抑え込んでしまった勝家タイプは、いつかのアナタの姿と被ります。今度はアナタが“引き上げる”番です。

◎

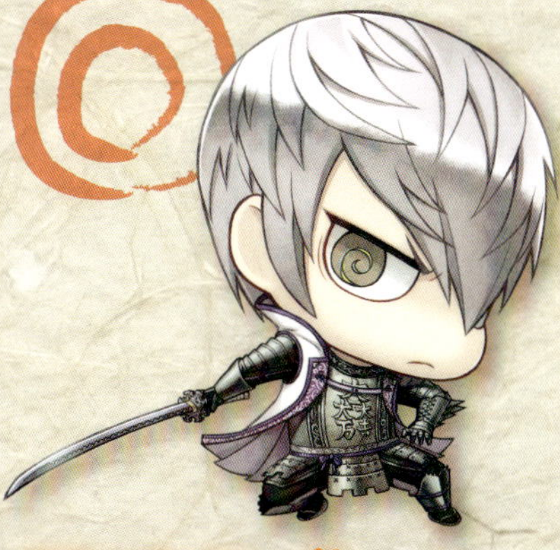

石田三成

→P034へ

相互作用を起こす硬と柔

三成タイプの一途さに惚れ込み、どこまでもついてこうと決心します。頑なな三成タイプもまた、柔軟なアナタとの出会いで成長するでしょう。

△

黒田官兵衛

→P026へ

油断のならない侮れぬ存在

大らかに見せて心中で策略を巡らす官兵衛タイプは、出たトコ勝負なアナタにとっては大敵です。さらに官兵衛タイプの不運にツキが逃げるかも!?

△

最上義光

→P050へ

賭場の大敵？イカサマ紳士

イカサマ嫌いのギャンブラーにとって、存在自体がイカサマな義光タイプは正直相手にしたくないタイプ。早々にお引き取り願いたいところです。

剛潔撫虎《ごうけつなでしこ》

井伊直虎

4月20日▼5月20日 O型

「私は直虎！誰よりも直向きなる虎だッ！」

基本性格

●自分にも他人にも厳格な先導者

自分に厳しく凛としたアナタは、多くの人の導き手になります。ただ他人にも厳しく強気な口調からアナタを苦手とする人も。何事も力加減が必要です。

●ゴリゴリの力押し戦法

男勝りで頑なな性格からか、融通が利かない頑固者な一面も。その剛腕で大抵のことは押し通してしまいます。細かな作業や他人との交流といった気配りが必要なことが苦手で、内心それがコンプレックス。改善の努力はなかなか実らず、ついついいつもの力押しに頼ってしまうようです。

●心優しい無自覚熱血女大将

優しく、弱気な部分を持った繊細な心を持ちながら、燃えたぎる使命感で自身を奮い立たせています。暑苦しいことは嫌いと言いながら、アナタも十分暑苦しい熱血です。自覚しましょう。

仕事　人々を導く旗印に

大きな理想を掲げたアナタは、ぐいぐい周囲を引っ張るリーダータイプ。ひたむきで真っ直ぐな姿勢に、賛同する人が詰めかけます。

恋愛　視野を狭める先入観を捨てよう

思い込みが激しく好き嫌いがはっきりしています。こういう人はダメ、という先入観を捨てると、また違ったものが見えてくるでしょう。

将来　弱きを助け悪しきをくじく！

誰かのために強者へと立ち向かうことができるアナタは、その熱い魂のままに理想へと邁進します。熱中しすぎて他が見えなくならないよう注意。

らいばるとの相性

本多忠勝 →P080へ

粛然たる誠の武人

口先ばかりの人間が大嫌いなアナタにとって、物静かで実力を備えた忠勝タイプはまさに理想の人物。直接かかわりはなくとも、気になる存在に。

京極マリア →P020へ

自らを理解しつくしたお手本

自分の魅力を理解し、存分に使って他人を手玉に取るマリアタイプ。コミュニケーションが苦手なアナタの憧れであり、不足を補い合える友人です。

真田幸村 →P018へ

噛み合えば息ぴったり？

熱血で直情的、実直で生真面目と共通点の多い幸村タイプ。似た者同士なのですが、アナタは無自覚な同族嫌悪から毛嫌いしてしまいます。

武田信玄 →P100へ

すべてが受け付けない仇敵

豪快で男臭い信玄タイプ。言うこと為すことすべて気に入りません。ただ、はたから見ているとどっちもどっちのようです。

慈眼傍観《じがんぼうかん》
冷眼下瞰《れいがんかかん》

天海／明智光秀

4月20日▼5月20日 AB型

〔天海〕

「成りたい己と成りなさい…」

「死を悼むのも、微笑むのも…全ては人の特権です」

〔明智光秀〕

基本性格

●仮面の下は底なし沼

表向きは穏やかで、人を引き付ける話しぶりと聡明さから多くの人望を集めます。しかし心の奥底には、人には言えない秘密が。それを自覚しているアナタは、普段は「人間の振り」をして、自分すら欺きます。

●リスクを求める刺激ジャンキー

非常に頭が良く、観察眼に優れたアナタにとって世界は時に退屈に思えます。その賢さを使って嘘を広めたり、場を乱そうと暗躍したりすることも。時には他人だけでなく自分すら苦境に立たせ、刺激を得ようとする悪癖があります。刹那的な刺激はとても魅力があるものですが、度が過ぎると身を亡ぼします。

●愛が深すぎて理解されにくい？

好きなものに対しては盲目なまでに愛情を注ぐアナタですが、その愛は「好きなおもちゃを壊してしまう」タイプ。誤解されないよう注意が必要です。

仕事　仕事はあくまで仕事と割り切る

頭が良く能力の高いアナタは、たいした苦労をせずとも期待以上の成果を上げてしまいます。アナタの魂の渇きは、仕事で潤すことはできないのです。

恋愛　用意周到な恋の狩人

アナタの愛は執着や独占欲が強く、そのためなら邪魔者を排除しようとする過激さがあります。確実に手に入るまでは行動に移さない計算高さも。

将来　その時のために今はまだ準備中

人には理解されにくい野望を持つアナタは、最高の瞬間を捉えるための準備を粛々と進めます。お楽しみを刈り取るタイミングを逃さないようご注意。

らいばるとの相性

小早川秀秋→P036へ

心を教えてくれる鍋奉行

人懐っこく思うままに行動する秀秋タイプは、アナタにとって未知の生命体。鍋でじっくり煮込まれるように、いつしか絆《ほだ》されてしまうでしょう。

織田信長→P092へ

心から尊敬する王の器

なかなか人には受け入れられない性質のアナタを、その広い器で迎え入れてくれる信長タイプ。心酔するのはいいですが、行き過ぎには注意です。

濃姫→P098へ

価値観が合わずに仲違いも

大切なものを同じくする濃姫タイプですが、その扱い方はまったくの逆。アナタにとっては大切な同志ですが、いつか道を違える可能性が……。

森蘭丸→P104へ

相容れない犬猿の仲

価値観も方法論も性格も、何一つとして合わない蘭丸タイプと理解し合うのは至難の業。表面上の付き合いはできても、水面下では火花が散りそう。

幻妖言惑《げんようげんわく》

お市

5月21日▼6月21日 A型

「あなたたちは…なぜ、市を望むの?
いったい市に…どうして欲しいの?」

基本性格

●無自覚な魔性で周囲を翻弄

自身になんの力もないと思っているアナタは、とことん周囲を頼り、甘えるようになります。無力と思いながら、本能的に自分の魅力を理解し、それによって周囲を惑わして利用する強かさがあります。

●思い込みの沼に沈む絶望の姫君

他者からの評価や世間から貼られるレッテルに縛られがちで、そのため自分が無力な存在だと思い込んでいる節があります。自虐的で、世の悪いことはすべて自分のせいと信じ込み、そうすることで自己肯定している部分もあるようです。

●本当に必要なのは盾でなく背を押す手

アナタが本当に必要としているのは、弱い自分を守る盾ではなく、叱咤激励し受け入れてくれる存在。自身を認められることで心の拠り所を得、本来眠る強さを引き出すことができるでしょう。

仕事 やる気を上げる「お願い」

自分でやるよりも他人をうまく使ったほうが効率的、かつ効果的に仕事を進められます。アナタの「お願い」はまわりの士気も高めます。

恋愛 子どものような幼い独占欲

相手に依存してしまいがちなアナタは独占欲も強く、ちょっとしたすれ違いにもやもやしてしまいそう。不満は素直に口に出すのが吉です。

将来 出会いによって変わる人生観

アナタを受け入れてくれる人との素晴らしい出会いがあります。深い親愛で結ばれますが、依存しすぎると失ったときの反動は計り知れません。

らいばるとの相性

浅井長政→P074へ

叱咤激励でアナタを支える

いつも正しくあろうとする長政タイプは、アナタのうじうじとした思考を直すために手を焼いてくれます。アナタも応えようと努力できるでしょう。

まつ→P096へ

受け入れてくれる温かな居所

アナタの危うさを憂い、心から心配してくれるまつタイプ。最後の最後までアナタを受け入れようと、お椀を用意して待っていてくれます。

京極マリア→P020へ

すべてを手中に収める麗人

美しいものを愛するマリアタイプは、アナタの魅力を気に入りかわいがります。しかし、アナタの大切なものまで奪う傲慢さに苛立ちが募ります。

柴田勝家→P022へ

好意に隠れた本心は

アナタに好意を見せる勝家タイプですが、アナタを得るために手段を選ばない危なっかしい一面が。下手に応えないほうがよさそうです。

勿怪跳躍《もっけちょうやく》

最上義光

5月21日▼6月21日 B型

「ズルから始まる正義もあるよ!」

基本性格

●化かし上手な「馬に乗った狐」

素敵紳士を自称し、高貴さを主張するアナタですが、反面、自分が卑怯であることを自覚しています。目的のためならば人を欺き、偽ることを策として割り切っており、人の意表を突くことを得意とします。

●虎の威を借る戦嫌い

アナタは長いものに巻かれることで自身の平穏を得ようとします。強者に取り入ることがうまく、だからこそ弱者を取り込むことも得意です。策を練るのを得手としながら、争いで決着をつけるよりは対話によって和解を望む平和主義者ともいえます。

●狡猾な顔の下に、恩を返すごん狐の心あり?

自意識過剰で自慢したがり、自分本位の性格でありながら、その胸の内は義理と恩義に固い心を持っています。世の流れに乗ることを願いながら、最終的には恩義を選ぶ心ある狐です。

仕事 どっちつかずは破滅の元

人に取り入ることが得意なアナタは、仕事の場でもうまく立ち回ることができます。ただし、どこでもいい顔をして「コウモリ」にならないよう注意。

恋愛 狐にだって猫かぶりが必要

自分大好きな雰囲気を隠そうとしないアナタは、そのままでは恋愛対象として嫌厭されそう。気になる相手の前だけでも、素敵紳士淑女を演じましょう。

将来 いざというとき何を選ぶか

処世術に長けたアナタは、のらりくらりと危なげなく世を渡っていけます。しかし、一世一代の決断の際、アナタが真に守るべきものが見えてきます。

らいばるとの相性

今川義元→P088へ

趣味を語り合う茶飲み仲間

公家かぶれの義元タイプは、紳士かぶれなアナタと同じテンションで語り合える相手です。玄米茶でもすすりながら、話に花を咲かせられそう。

織田信長→P092へ

アナタに価値を与える魔王の器

広い器を持つ信長タイプは、長いものに巻かれるしかないと考えるアナタに居場所を与えてくれます。その恩義に報えるかどうかはアナタ次第。

足利義輝→P016へ

唯一ともいえる安全地帯

絶対的な才能と力を持つ義輝タイプの元にいれば、アナタの身は安泰。うまく取り入り、その安寧を享受しましょう。

伊達政宗→P040へ

解決方法ですれ違う水と油

真っ向勝負を好む政宗タイプは、奇策と対話で解決を得ようとするアナタにとって相性の悪い人物です。きっとお互い苦手に思っているでしょう。

天衣無縫《てんいむほう》

長曾我部元親

5月21日▼6月21日 O型

「おらおら、どけどけぇッ！海賊様のお通りだ！」

基本性格

●大らかさでみんなをまとめる兄貴分

一見すると粗雑で乱暴者に見えるアナタですが、わかりあえれば明るく大らかな人柄です。さっぱりと快活な性質で、みんなから熱狂的に慕われる男臭い兄貴分。男女ともに好かれる性格です。

●新しいもの好きの浪費家

流行や最新のものに敏感で、良いものは積極的に取り入れる柔軟な思考を持っています。気前が良く欲しいものはすぐ手に入れる主義も手伝って、いつもお財布はカツカツ。それでよいと笑い飛ばす豪快さは、果たして長所なのか短所なのか。

●己の道を馬鹿にする者には容赦なし

何物にもとらわれない自由な心を持ち、名声よりも自身の夢を、不特定多数の尊敬より信じる身内を大切にします。その信条に反する者には強い嫌悪を抱きます。その怒りは大きな嵐を呼ぶでしょう。

仕事 笑顔の絶えない温かな職場

自ら進んでことを成すアナタは、多くの部下に慕われる良き大将です。公私分け隔てなく面倒見の良いアナタの周りは、常に人の笑顔が溢れています。

恋愛 奔放さを諌める恋人が◎？

懐に入れたものに対して深い親愛を注ぐアナタは、恋人もとても大切にします。自由奔放なアナタの尻を叩いてくれる相手だと相性バッチリ？

将来 夢を追いかける野望の冒険家

大きな夢を追いかけるアナタは、他人の夢の手助けも進んで行います。いつかは日ノ本にとどまらない、大きな世界で活躍することでしょう。

らいばるとの相性

徳川家康 →P056へ

認め合い、手助けし合える親友

絆や情を大切にする家康タイプとアナタは、その価値観の近さから意気投合します。お互いに助け合える良き同志となるでしょう。

雑賀孫市 →P024へ

好奇心を刺激するサプライヤー

顔が広く情報通な孫市タイプは、いつも新鮮な驚きを与えてくれます。そのクールさから、アナタのストッパーにもなってくれるでしょう。

鶴姫 →P038へ

そりの合わないケンカ仲間？

奔放な性格のアナタにとって、品行方正な鶴姫タイプは趣向が合わない苦手な相手。お互い譲らないため、子どものようなケンカが絶えません。

毛利元就 →P106へ

決して交らない対極の存在

アナタの信条と真っ向から対立する元就タイプ。相容れないどころか、お互いの考えに対して嫌悪感が強く、どこまで行っても平行線のようです。

明察麒麟《めいさつきりん》

山中鹿之介

5月21日▼6月21日 AB型

「いや…泣き事は後っすね、おやっさん」

基本性格

●大器晩成の有望株

きらりと光る素質を持ったアナタ。特に観察眼と推理力、想像力は群を抜いていて、人を見る目もあります。たくさんの経験を積むことで、アナタに眠る才能はいずれ大きな財産となるでしょう。

●自ら困難に立ち向かうチャレンジャー

忠義に厚く、人のために成長しようと奮起する努力家です。危険が迫れば自分より他人を優先し、自ら困難を背負おうとする勇敢さも持ち合わせています。ただ形から入るところがあり、そのせいでやりすぎたり余計な面倒を被ることもあります。

●目指すゴールを見定めて

アナタは自らに試練を与え、それを乗り越えることで成長していきます。しかしそれに充足感を得て、目的と手段が逆転してしまうことも。一人前になることを望みながら、奔放さは捨てきれていない様子。

仕事　結果よりも過程に夢中!?

何でも吸収する好奇心旺盛なアナタは、過程を楽しみすぎて成果がなかなか得られないことも。お尻を叩いてくれる存在が必要のようです。

恋愛　半人前に恋は早い?

半人前と自覚しているアナタは、まだ恋は早いものと考えています。実際は結構惚れっぽく、一人前になったら、という考えは常に頭の片隅にあります。

将来　才覚溢れた麒麟児

何でも一生懸命に学び、自ら考えるくせのあるアナタ。今はまだ生まれたての小鹿でも、成長につれて大きく化け、いつか麒麟となるでしょう。

らいばるとの相性

◎

鶴姫
→P038へ

ちょっと危うげな同志

誰かのために頑張る気持ちを同じくする鶴姫タイプですが、感覚のままに動く危なっかしさがあります。尊敬しつつも放っておけない存在です。

○

足利義輝
→P016へ

アナタに自信を与える先達

アナタの将来性を見出し、成長に期待をかけてくれます。才覚ある義輝タイプに認められて、アナタも一層励むことができるでしょう。

○

小早川秀秋
→P036へ

加害者が同じ被害者の会

敵を同じくし、思いを同じくできる同僚のような存在です。卑屈なところがある秀秋タイプですが、アナタの明るさに心を開いてくれるでしょう。

×

毛利元就
→P106へ

人を騙し、操る絶対悪

卑劣な作戦も厭わない元就タイプは、アナタが許すことのできない悪の象徴。敵わないとわかっていても、立ち向かうしかないようです。

東照権現《とうしょうごんげん》

徳川家康

6月22日▼7月22日 A型

「行こう…絆こそが人の救いであると示す為に！」

基本性格

●人々を照らす太陽のような性格
人懐っこく太陽のように明るいアナタは、誰からも好かれるあたたかな存在。絆を重んじ、他人の痛みや辛さを自分のことのように感じられる懐の深さがあります。

●周囲との良好な信頼関係
部下や友人を大切にし、誰も傷つかない世界を作ろうと決起する優しさと強さを持っています。志を同じくする友人や導いてくれる師、支えてくれる部下にも恵まれています。

●困難を自力で乗り越える大器晩成型
自分の弱さを認め、奮起することで大きな力を得てきたアナタ。大志のために自らに苦行を課すことすらします。その責任感から必要以上に自分を責めることも。まだまだ迷いは尽きないものの、それでも自分が定めた道を突き進む覚悟を持っています。

仕事　絆でまとめる大黒柱
部下と厚い信頼関係を築けるアナタは、先頭に立ちみんなをまとめあげる穏やかで良いリーダー。さらに自ら学び、進む実行力も持ち合わせています。

恋愛　八方美人に見られることも
他人の思いを汲むことができ、気遣い屋のアナタはたくさんの人に好かれます。ただし、誰にでもいい顔をしていると「いい人」止まりになるかも？

将来　新時代を作る一筋の光に
自ら道を切り開いていくアナタの覚悟は、新たな時代を照らす光明となります。人望の厚さからついてきてくれる人も多い分、敵も作りやすいので注意。

らいばるとの相性

本多忠勝 →P080へ

静かに見守り続ける拠り所

アナタの自主性を重んじ、口を出さずに見守り続けてくれる忠勝タイプ。迷ったときは話を聞き、困ったときは力を貸してくれる心強い味方です。

長曾我部元親 →P052へ

絆を信じる理解者

始めは折り合いが悪くとも、意気投合すれば強い友情が芽生えます。特に人間関係においての価値観が近いため、じっくり話し合えば無二の存在に。

石田三成 →P034へ

同じ方向を向ければ良き相棒

性格や価値観は正反対でも、高い志からお互いを補いあえる関係に。ただ道を違えてしまうと、頑固な三成タイプとの関係修復はなかなか困難です。

豊臣秀吉 →P078へ

価値観の違いで大反発？

絆で周囲をまとめるアナタにとって、秀吉タイプの力で押し切る強引さは悪しきものに見えます。価値観の違いから大きな争いに発展することも。

寥星跋扈《りょうせいばっこ》

大谷吉継

6月22日▼7月22日 B型

「われが…われが本当に求めたのは…」

基本性格

●他人の吉凶はアナタ次第？

大きなコンプレックスのせいで自分を不幸だと思い込み、その不幸に他人を巻き込もうとしてしまいます。平気で嘘をついたり、他人を自分の思うように利用することも。またそれを実現する利口さも持っています。まわりを思い通りに混乱させることで、鬱屈を晴らそうとする傾向にあります。

●混乱だけでなく、安定をもたらすことも

アナタ自身を認めてくれる人の存在が、アナタの心の拠り所となります。その人のそばでは補佐、参謀役に徹し、冷静に脇を固める良き相棒でいられます。ただ、ときに子どもっぽい独占欲も顔を覗かせます。

●高い能力の使いどころを見極めて

本来は頭脳明晰で、落ち着いた物の考え方ができるアナタ。他人を乗せることも得意とします。その能力をどう活かすかが人生のカギとなりそうです。

仕事 腰を据えた名参謀

自ら立ち回るというよりは、周囲を固め、助言し、人が活躍する場を作るのを得意とします。どっしり腰を据え、言葉で人を動かす参謀役です。

恋愛 戸口を開かねば人は来ない

コンプレックスの強いアナタは、自分が他人から好かれるとは思っていない節があります。人に受け入れられるには、まず自分が受け入れましょう。

将来 立場と気持ちの折り合いを

アナタを求める人に尽力し支えることを人生としますが、思わぬライバルが出現。それによって生まれる感情とどう向き合うかが今後を左右します。

らいばるとの相性

石田三成→P034へ

“アナタ自身”を認める真正直

自ら“嫌われ者”と思い込んでいるアナタを偏見なく認めてくれる三成タイプ。自分にはない実直さに惹かれ、尽力しようと思える相手です。

竹中半兵衛→P110へ

全面的に信頼するのは危険？

アナタの能力を認め、正しく評価をしてくれます。うまく付き合えば良き同胞になりますが、裏で何を考えているかわからない一面もあります。

島左近→P042へ

世界の調和を乱す乱入者

人懐っこく陽気で、いつの間にかアナタの世界に入り込んできます。さも当然のようにそこにいる左近タイプが、アナタは少し面白くありません。

黒田官兵衛→P026へ

野望に満ちた賢き獣

野心家で頭も切れる官兵衛タイプは、アナタができるだけ側から遠ざけたいと思う天敵。枷でもつけてどこかに幽閉できたら、どんなにいいことか。

古今奔放《ここんほんぽう》

大友宗麟

6月22日▼7月22日 O型

「ザビー様は言いました…『ユー、好きにシチャイナヨ?』と…」

基本性格

●エゴイスティックなお坊ちゃま

奔放で自由な心を持ち、自分の思うまま振る舞うアナタ。はたから見ると子どもっぽく、やりたい放題に映ります。アナタが好き勝手にできるのは、支えてくれる人あってのことと肝に銘じましょう。

●アナタのためなら火の中水の中

マイペースで人の話を聞かない性格ながら、尊敬する人には一途なところも。教えを請い、そして自分なりに解釈しようとする素直さと向上心を持ち合わせています。心酔しすぎて盲目にならないよう注意しましょう。

●需要を見定めるショーマスター

感情的な部分が目立つアナタですが、仕事に対してはビジネスライクな一面も。着実に顧客を増やすアイディアを次々に発案していきます。経営に関しては慧眼を持っているのかも。

仕事　発想豊かなプロモーター

発想力に優れており、新しいアイディアを次々と提案します。中には荒唐無稽なものもありますが、実現しようと奔走してくれる部下に恵まれます。

恋愛　満ち溢れた愛は自己中心的？

溢れんばかりの愛を持ちながら、その多くが自己愛に向かっています。それでも支える人はいますが、そのままで良いかどうかは一度考えてみましょう。

将来　真の功労者は縁の下に

尊敬する人のために行動する過程で、目的のための手段が一財産を築くでしょう。ただそれは、決してアナタだけの力で成したものではありません。

らいばるとの相性

ザビー →P090へ

尊敬すべき愛の宣教師

愛に満ち溢れ、影響力のあるザビータイプは、アナタに新しい世界を授けるでしょう。その世界は生涯アナタの原動力となっていきます。

毛利元就 →P106へ

志を同じくする先輩

同じ信念の元でわかりあえる同志ですが、アナタよりもちょっとだけ先を行っています。元就タイプの助言はアナタの糧となるでしょう。

立花宗茂 →P032へ

わがままを叶えるサポーター

才能にあふれたアナタから見れば愚鈍に見えるかもしれません。ただ宗茂タイプは、アナタのわがままに応えようと努力してくれる貴重な存在です。

山中鹿之介 →P054へ

秩序を乱す闖入者《ちんにゅうしゃ》？

人懐っこく人の懐に入り込む鹿之介タイプですが、その心には何か別の目的があります。いつかアナタの世界を乱す存在になりえるかも。

天真爛漫《てんしんらんまん》

いつき

6月22日▼7月22日 AB型

「おらが、みんなを守るだ！」

基本性格

●かわいいだけじゃないしっかり者

明るく素直、純粋さを体現したようなアナタは、周囲から愛される存在。そそっかしくて天然ボケなところも相まって目が離せません。それでいて面倒見がよく、地に足がついた物の考え方をするしっかり者でもあります。真摯なアナタを支えようと、手を差し伸べてくれる人は絶えません。

●アナタの言葉は薬か毒か

洞察力や直観力に優れ、人の秘めた本音を見出すことを得意とします。他人の苦しみを我がことのように感じ、考えられるのはアナタの美点ですが、アナタの正論や正義感が眩しすぎる人もいるようです。

●負けん気を向上心に！

負けん気が強いアナタは、その対抗心を向上心に昇華することができます。負けても腐ることなく力を得ようとできる努力家です。

仕事　周囲を助け、助けられる

みんなのために頑張れるアナタは、いつもバタバタと奔走しています。その分、アナタが大変なとき、周囲がそれを手助けしてくれます。

恋愛　恋の特別はまだまだ早い？

感謝と親愛の情が深く、みんなが大好きなアナタ。恋愛はまだちょっとピンとこないようです。焦らずじっくりアナタの「特別」を探してください。

将来　志を預け自分磨きの道に

頑張り屋のアナタですが、使命に没頭するあまり自分のことを顧みない一面も。どこかで肩の荷を下ろし、自分の夢を追うのも一つの道です。

らいばるとの相性

本願寺顕如 →P108へ

猫っかわいがりするおじ様

顕如タイプは純真無垢なアナタをいたく気に入り、何かと世話を焼いてくれます。戸惑うこともあるかもしれませんが、素直に甘えてしまいましょう。

伊達政宗 →P040へ

志を託せる強き王

野心を持った政宗タイプと、安定を望むアナタ。はじめは対立しますが、考え方が違うだけで目指すところは同じと気づき、信頼関係を築けます。

森蘭丸 →P104へ

似た者同士のライバルに

お互い負けん気が強く、寄ると触るとケンカに。似た者同士の蘭丸タイプとは、お互い対抗し合うよきライバルになれそうです。

宮本武蔵 →P076へ

つかみどころのない放浪者

責任感の強いアナタにとって、悪ガキのように自由奔放な武蔵タイプは苦手な存在。始終ペースを乱されてしまいそうです。

侘美寂美《わびさび》

千利休(ワビ助)

7月23日▼8月22日 A型

「この戦いは…いつまで続けなきゃいけないんだ…」

基本性格

●ワビてばかりの厭戦家

穏やかで争い事が苦手なアナタは、ただ静かに生活することを望んでいます。しかし世界はアナタの望むようにはなかなかいかず、そのたびに落胆し、またそこに侘びを見るのです。

●優しさとエゴは紙一重？

人の思いに敏感で、感受性が豊かなアナタ。気持ちを理解しすぎてしまうからこそ、傷つけることを何より恐れて他者と関わるのが苦手。それはアナタの優しさですが、自分の安息のために苦痛を他人に押し付ける側面も。他人を殴るくらいなら自分が殴られるのを選ぶのは、「優しさ」だけとは言えません。

●孤独を癒すイマジナリーフレンド

繊細ゆえに孤独を感じやすいアナタは、自身の心の中に拠り所を作ります。アナタを真に理解する“親友”を作り上げますが、そのままでは救われません。

仕事　仕事にも自分らしさを

穏やかで責任感のあるアナタは、与えられた仕事を着実にこなしていきます。また自分なりのこだわりもあり、独自性を盛り込むことも得意とします。

恋愛　必要なのは自分を誇る心

他人の気持ちに敏感なアナタですが、優しすぎるがゆえに情けなく見えてしまうことも。自分の魅力に気づいていないから、自信が持てないのかも？

将来　別離か同化か別れの形は様々

自問自答を繰り返すアナタ。厳しい事態に対面し、長年寄り添った人との“別れ”が訪れることもあります。それでも前を向いて進みましょう。

らいばるとの相性

千利休(サビ助)→P030へ

内向的なアナタを振り回す

気性が荒くアグレッシブにアナタを振り回すサビ助タイプですが、何よりもアナタのことを考えて行動しています。寄り添い、支え合える相棒です。

徳川家康→P056へ

優しく包み込む太陽

絆に厚く包容力のある家康タイプ。戦いを好まないアナタに居場所を作ろうとしてくれます。それを嬉しく思いながら、申し訳なさも感じます。

今川義元→P088へ

趣味趣向が異なる厭戦仲間

義元タイプは趣味人で争いが苦手。性質としてはとても似ていて、わかりあえる相手です。ただ趣味の方向性が異なるので付き合い方に注意。

大谷吉継→P058へ

避けたいトラブルメーカー

むやみに場を乱す吉継タイプは、アナタにとって理解が及ばず、嫌悪の対象にすらなります。その心を読み取ろうとしても一利も得ないでしょう。

執心流浪《しゅうしんるろう》

後藤又兵衛

7月23日▼8月22日 B型

「木偶が、さぁ？　又兵衛様に、さぁ？敵うわけないですよ、ねぇ？」

基本性格

●不屈のハングリー精神

自分のプライドを傷つけたものに対して強い執着と執念を持ち、仕返しのためなら強引な手段も取るアナタ。自分を馬鹿にした人間を見返してやりたいという強い気持ちが、アナタの原動力のようです。

●努力が報われない自信家

知識を得、活用しようとする努力家な秀才タイプです。悪く言えばガリ勉で、そのため応用が苦手なところもあります。プライドが高く、他者を見下す高慢さや強い承認欲求も持っていますが、それは絶えず努力した過去が影響しているのかもしれません。

●分別を残した復讐者

根に持つタイプのアナタですが、関係のない人間を巻き込むことをあまり良しとはしません。仕返しをしてやろうという悪意に取りつかれても、見境がなくなっているわけではないのです。

仕事　信頼に気づいていないだけ？

仕事で成果を出すことができなくても、部下はアナタの仕事ぶりを見て、評価しています。上ばかり見ていると、下からの信頼が見えなくなりがちです。

恋愛　片手間くらいがちょうどいい？

復讐に燃えるアナタにとって恋愛は二の次。恋愛至上じゃないからこそ、執着しすぎずほどよい距離感を保った愛を育めるかも？

将来　行きつく先は満足か空虚か

執念に取りつかれたアナタは、次々に目標を達成していきます。復讐すべき相手をすべて倒したとき、アナタに何が残るか、今一度考えてみましょう。

らいばるとの相性

竹中半兵衛→P110へ

天から才を得た憧れの存在

天賦の才を持った半兵衛タイプに、アナタは心からの尊敬の念を抱きます。その人と並びたいという向上心がアナタの土台となるでしょう。

黒田官兵衛→P026へ

呆れながらも嫌いになれない

才能はありながら要領の悪い官兵衛タイプは、アナタの眼には愚鈍に映ります。それでもその人の好さから、心から嫌うことができません。

上杉謙信→P094へ

落ち着き払った姿にイライラ

冷静沈着、落ち着いた物腰の謙信タイプ。常に余裕のある立ち振る舞いが、アナタからすれば嫌味ったらしくて鼻につきます。

伊達政宗→P040へ

いつか倒すべき宿敵

「向かってくる者には全力」を信条とするパワータイプの政宗タイプに、知略派のアナタはなかなか歯が立ちません。執念の対象となるでしょう。

蒼天疾駆《そうてんしっく》

猿飛佐助

7月23日▼8月22日 O型

「ま、ゆる〜くいこうや」

基本性格

●ゆる〜い顔で大局を見据える傍観者

いつもひょうひょうとした態度のアナタは、あまり周囲に流されることなく我が道を進むタイプ。常に一歩引いたところから全体を見渡しているからこそ、冷静に状況を判断することができます。その広い視野と世話焼きな性分からフォロー役に回ることも多いですが、余計なひと言でひんしゅくを買うこともあるので要注意。

●冷めた視点を持つリアリスト

お気軽に見せながら、仕事に対しては高いプライドと冷めた視点を持っています。生死すら仕事のうちと割り切るような極端な考えを持つ一面も。

●内に秘めた熱い心

信頼する人のためなら損得関係なしに動く熱い心の持ち主でもあります。やれやれなんて言いながら、そんな俺様が嫌いじゃない、なんてね。

仕事　態度で損をする堅実な仕事人

文句を言いつつも、頼られるとNOが言えないアナタ。頼まれた仕事は確実にこなします。その態度は仕事ができるからこそ許されているのかも？

恋愛　情と理性で板挟みに

頭のどこかで冷静に状況を分析してしまう癖があるせいか、本能のままに愛を注ぐことは難しそう。もとが情に厚い性格のため、葛藤は多いでしょう。

将来　主を支える縁の下の力持ち

リーダーよりは、身軽な立ち位置で陰に日向に立ち回るのを得意とするアナタ。自分が認めた人物を大将として押し上げる良き腹心になるでしょう。

らいばるとの相性

真田幸村→P018へ

世話の焼ける眩しい若虎

斜に構えたところがあるアナタにとって、幸村タイプのがむしゃらさは憧れすら感じます。呆れながらもついつい手を貸してあげたくなる存在です。

かすが→P028へ

放っておけない危うげな隣人

世話焼きなアナタは、かすがタイプの危うさが気がかりに。理解し合うには根気よく付き合う必要がありますが、あまりしつこくすると逆効果に！

片倉小十郎→P072へ

似た者同士の苦労人？

立場の違いから何かとぶつかりがちな小十郎タイプ。ただお互い思うところや境遇が似ているので、意気投合すれば強力な同志になります。

風魔小太郎→P084へ

口車に乗らない堅牢ハート

会話で相手を探るアナタにとって、寡黙な小太郎タイプは何を考えているのかわからない苦手な存在。固ーい心を開くのには一苦労しそう。

絢麗豪壮《けんれいごうそう》

前田慶次

7月23日▼8月22日 AB型

「命短し、人よ恋せよ！」

基本性格

●ド派手で陽気な傾奇者

豪快で親しみやすく、気のいい明るい性格から、みんなに愛される存在です。困った人を見過ごせないお人好しな部分もあり、人間的にとても好かれるでしょう。駆け引き上手で他者との交流も積極的。まるで何物にも縛られない風のようにすっと人の懐に入り込む柔軟さがあります。

●風来坊から一回り成長！

自由に生きたいと願う反面、大切なものを守りたい、誰かの期待に応えたいという強い意志を持っています。責任感や覚悟を得ることで、新たな世界が見えるようになり、一皮むけることができるでしょう。

●豊かな感受性で察するものは……

感情に敏感なアナタ。他者の寂しさに気づき、なんとかしてやりたいと願います。それはアナタの心のどこかにも、寂しさがあるからかもしれません。

仕事　立場が変われば意欲も変わる

部下を得ることで意識を改め、責任を持ってことに挑むことができます。一人で自由気ままにしていたときとは違う充足感が得られるでしょう。

恋愛　あと一歩がいつも足りない

惚れた相手をとことん思い続ける一途さを持ちながら、肝心なところで奥手になりがち。他人の色恋にちょっかいをかけている場合じゃありません。

将来　まだ駆け出しいずれは総大将！

大きな役割を得たアナタですが、今はまだまだひよっこ同然。アナタを支えてくれる人たちの期待に応えようと、大きく成長していけます。

らいばるとの相性

足利義輝 →P016へ

心からの楽しさを求める友

機微に聡いアナタは、完璧な義輝タイプが抱える唯一の欠損に気づいてしまいます。同じ傷を持つ者同士、補い合う真の友となれるでしょう。

前田利家 →P082へ

道を示し支える兄貴分

アナタのすぐそばで様々な見本を見せてくれる利家タイプ。ちょっと情けないところもありますが、心から尊敬できる兄のような存在です。

雑賀孫市 →P024へ

誰にも靡かない憧憬の君

孫市タイプの凛とした強さに、アナタは一目見ただけで惚れ込みます。ただアナタの思いは本気にとられず、軽くあしらわれてしまいそう。

豊臣秀吉 →P078へ

袂を分かったかつての友

厳格な利己主義の思考を理解できないアナタは、強い怒りの元に秀吉タイプと決裂するでしょう。わかりあうには相当な時間を要します。

仁吼義侠《じんこうぎきょう》

片倉小十郎

8月23日▼9月22日 A型

「良く見ておけよ…右目ならざる側近の武を」

基本性格

●強面に隠した苛烈な魂

怒りを抑える理性を持ってはいますが、本来は短気で好戦的なアナタ。ギリギリの勝負を好むリスク好きな一面もあります。我慢のしすぎも良くないですが、ハメを外すのはほどほどに。

●目的のためなら手段を選ばない合理主義

これと決めたことに対して、どこまでも所信を貫く強固な意志を持っています。目的のためなら敵と手を組んだり、自ら憎まれ役を買って出たりと手段を選びません。ただし卑怯なことは許せない義に厚い心を持っているため、道を外れることはありません。

●仕事も趣味もとことん突き詰める凝り性

仕事熱心なアナタは、趣味にだって全力。特に野菜作りなど実になる趣味は、研究熱心で凝り性な性格が幸いして周囲からも高い評価を得るでしょう。全力で打ち込める趣味は、仕事の原動力にもなります。

仕事 安定をもたらす強固な土台

腰を据えて物事に取り組むアナタは、いわば集団の土台。地味な立ち位置ではありますが、アナタのおかげでまわりは自由に働くことができるのです。

恋愛 堅実なアナタに軽い恋愛はNO

志が高く古風なところがあるアナタは、軽いノリのお付き合いはNG。一緒に仕事や趣味に打ち込める人となら、お互いに高め合う恋愛ができそうです。

将来 義に生きる竜の右目

頼りがいがあり男気溢れるアナタは、上からも下からも信頼されます。大いなる野望を持つ主君を陰ながら支える、真の副将になるでしょう。

らいばるとの相性

伊達政宗→P040へ

自身を保つ心の拠り所

思うがままに生きる政宗タイプの抑え役に徹することで、生来の苛烈さを抑えられている部分もあります。お互いになくてはならない存在です。

猿飛佐助→P068へ

合理主義の点では意気投合？

お気楽な佐助タイプとアナタはまさしく柔と硬。いけ好かない相手ではありますが、考え方が似ているため、目的を同じくすると心強い相棒に。

小早川秀秋→P036へ

趣味において良き理解者

好きなことに関して探究心が旺盛な秀秋タイプは、趣味が一致すればアナタの良き理解者になります。アナタの趣味を心から評価してくれるでしょう。

松永久秀→P102へ

似ているようで性根は正反対

同じく目的のためなら手段を選ばない久秀タイプですが、その卑怯なやり方はアナタのもっとも嫌悪するところ。近づかせないのが身のためです。

信義不倒《しんぎふとう》

浅井長政

8月23日▼9月22日 B型

「この世に悪がある限り、正義の名のもと、削除するっ！」

基本性格

●自らの正義で悪・即・斬！

正義感が強く、潔癖なまでに曲がったことが大嫌い。ただ、その善悪判断は自分本位なところがあります。自身の信じる正義が絶対と過信し、他人の忠告を受け入れないプライドの高さがあります。

●排斥しきれない身内への情

正義の名のもとに、排他的で生真面目なアナタ。しかし身内にはどうにも甘いようです。素直になれずついつんけんしてしまいますが、にじみ出る優しさは相手にバレバレ。それに安堵する人もいれば、利用しようとする人もいます。

●「お願い」を叶えるみんなのヒーロー

優しいがゆえに、みんなの意見を汲もうとしてしまうアナタは、板挟みの苦難を味わうことも。他人に振り回されることもままありますが、それに応えることで柔軟さと新たな強さを得ることができます。

仕事　正義に走るワンマンヒーロー

自分で決めたことを突き通す推進力のあるアナタ。誰かと協調するよりは、自分の意志で動くことができる位置のほうが力を発揮するでしょう。

恋愛　わかりにくいが真摯に伝わる

深い愛情を持ちながら、プライドが邪魔してなかなか素直になれません。つい厳しい言葉が口をついても、それは罵倒でなく激励。その愛は伝わります。

将来　独善を抜け真の英雄へ！

守るものの存在によって、アナタはより一層の強さを得ます。自分本位で粗削りだったその性格も、柔軟性や冷静さが芽生え、一皮むけることができます。

らいばるとの相性

お市→P048へ

守るべきアナタのヒロイン

アナタに心からの信頼を寄せる、従順で魅力的なお市タイプ。アナタはその思いに応えようと奮起できます。自分を律する拠り所にもなるでしょう。

京極マリア→P020へ

使命感を与えるスパイス

自由を愛し気ままにふるまうマリアタイプに、アナタは大いに振り回されるでしょう。ただその困難はアナタの生きがいにもなっていきます。

柴田勝家→P022へ

一方的な因縁を持つ怪王

言いがかりに近い考えで、アナタのことを一方的に忌み嫌う勝家タイプ。ケンカをふっかけられても、正々堂々と相手をしましょう。

今川義元→P088へ

場を引っ掻き回す嫌な趣味人

お節介で自己主張の激しい義元タイプは、アナタから見れば無粋な存在。悪意ではないにしろ、何かとアナタの邪魔をしてきます。

天驚動地《てんきょうどうち》

宮本武蔵

8月23日▼9月22日 O型

「おれさまさいきょう！」

基本性格

●向こう見ずな鉄砲玉

怖いもの知らずで一直線なアナタは、思うままに行動する自由さを持っています。とりあえず行ってみる、やってみる、あとのことはあとで考える。難しいことを考えるのは苦手。よく言えば豪胆、悪く言えば短絡的な冒険家です。そのうえ飽き性なため、はたからはハチャメチャに見えるでしょう。

●セオリーなんて気にしない、すべてがおれさま流

型にはまることが嫌いなアナタ。芸達者でポテンシャルが高いため、たいていのことは自己流でなんとかできてしまいます。ただしその方法はやりたい放題で他人の都合を考えません。終わりよければすべてよし、とはいかないようです。

●まだまだ成長過程

自由奔放なアナタのやり方も、いつか一つの型が見えてきます。今はそのための「準備期間」なのです。

仕事 世界を駆ける自由人

命令ややり方を指定されるのが嫌いで、その上飽き性なアナタは「社会人」が苦手。旅をして様々な人に会うことで、自分の道を切り開きます。

恋愛 素直さが取り柄 行き過ぎに注意

好きなものは好きと言える素直なアナタは、恋人ともうまくやっていけます。ただアナタの自由すぎる行動は、相手を振り回してしまうかも。

将来 多くを吸収する大器晩成型

各地を回り、いろいろなことを吸収した末、アナタは一つの答えを得ます。そこに至るのは長い道のりですが、後世にまで残る偉大なものになるでしょう。

らいばるとの相性

島津義弘→P086へ

信頼のおけるじっちゃん

アナタのハチャメチャぶりを批判することなく、より良い道へと導いてくれます。アナタも義弘タイプの言うことは素直に聞き入れられるでしょう。

真田幸村→P018へ

真っ直ぐさに興味津々

勝てばよいという考えのアナタにとって、正々堂々、礼儀を重んじる幸村タイプは古臭く見えることも。しかしその素直さに興味をそそられます。

本願寺顕如→P108へ

明朗闊達、気の置けない友人に

豪快堂々、我が道を突き進む顕如タイプは、ある意味アナタの理想形。小難しいことも言わず、価値観のわかりやすさから意気投合します。

いつき→P062へ

使命感に燃える堅物

責任感のあるいつきタイプは、アナタから見ると生真面目で堅苦しく映ります。自由に生きればいいと思いますが、聞く耳を持ってはもらえません。

裂界武帝《れっかいぶてい》

豊臣秀吉

8月23日▼9月22日 AB型

「我が道に従え…生き残る術は他に無し!」

基本性格

●力こそすべての覇王

理想が高く、その理想を叶えるだけの力と知性を持っています。強さこそすべて、力こそすべてと考え方が極端ではありますが、まずは対話を第一とする柔軟さも持ち合わせています。ただ、自分が通ったあとの道がどうなっているか見ようとしないところがあり、視野が狭くなりがちな面もあります。

●ワンフォアオールは思想ごと

些末なことは気にしない度量と器の広さの持ち主。ただ、自分と同じ考えを他者にも求める強引さも。

●厳格なまでの利己主義

アナタにとって弱さとは、乗り越えるものでなく排除するもの。自分の弱点を取り除き、前だけを見てひた進みます。その行為に対して言い訳もせず、許しを請うこともしません。裏を返せば、自分だけが納得していればいいという利己主義の現れです。

仕事 ぐいぐい進む力強きリーダー

みんなのためにその力を振るおうとする志の高いアナタは、良き先導者となります。ただやり方が多少強引なため、反発する者も多そうです。

恋愛 志のために恋愛は不必要？

力を至高とするアナタは、情や心の安らぎといったものを安易に求めない傾向にあります。その誇り高さが、いずれアナタを孤独にしてしまうかも。

将来 捨てきれない心最後の拠り所に

情を必要としないアナタですが、心の奥底にどうしても捨てきれない情があります。その拠り所をなくしたとき、アナタは真の覇王となるでしょう。

らいばるとの相性

竹中半兵衛→P110へ

これ以上ない至高の同志

アナタの考えを誰よりも理解し、どこまでも寄り添ってくれる半兵衛タイプは、絶対にアナタを裏切らない生涯の友となります。

石田三成→P034へ

アナタに付き従う荒削りの才

アナタの考えに感銘し、同道しようとする三成タイプ。アナタからすればまだまだ青臭い若者かもしれませんが、将来性を感じるでしょう。

前田慶次→P070へ

平行線をたどる意見者

根本の考え方が異なるため、わかり合うことができず、意見をぶつけ合ってしまいます。お互いに図星だからこそ、冷静になれないのです。

千利休(サビ助)→P030へ

弱さを砕くアナタの障害

他者を守ろうとする性質のサビ助タイプは、何かとアナタの邪魔をしてきます。大切にするものの違いから、わかり合うことは難しいでしょう。

戦国最強《せんごくさいきょう》

本多忠勝

9月23日▼10月23日 A型

「……!!」

基本性格

●強く優しい大樹のような温かさ

最強の名をほしいままにする強さを持ちながら、それを誇示することはしないアナタ。ワンマンでみんなを引っ張るよりは、誰かのためにその力を振るおうとします。不器用ながらも人を気遣う温かな心を持ち、ちょっと心配性な一面も。「気は優しくて力持ち」を体現しています。

●追随を許さぬ最強の二文字

圧倒的な存在感を持つアナタは、敵味方問わず多くの人から一目置かれる存在です。その肉体的な頑丈さはもちろんのこと、強固な意志と強靭な精神力、厚い忠義心、真摯な物腰はまさしく"最強"の呼び声にふさわしいでしょう。

●温かな情と義理堅さ

情が深く、仲間や友人を大切にするアナタ。アナタを欲する人が現れても、損得より絆を優先します。

仕事 重要なのは誰の元で働くか

能力が高く、あちこちからヘッドハンティングを受けます。しかし、アナタが欲するのは好待遇よりも強い信念。敬える相手のサポート役を望んでいます。

恋愛 肩書きでなく心を見る人を

意思表示が苦手なため、アナタのことを思い、その心を察してくれる相手が良いでしょう。お互いに敬い合える良い関係を築けます。

将来 いつも心に遠い日の誓いを

大きな信念の下、敬う相手とともに邁進していけます。壁にぶつかったときは、目標へ向けて歩み始めた日を思い出すことで乗り越える気力を得ます。

らいばるとの相性

徳川家康 →P056へ

成長する小さな太陽

弱さを認めながら、成長しようと努める家康タイプ。この人のために力を振るおうと思える相手です。相手もアナタの信頼に応えてくれます。

島津義弘 →P086へ

力でぶつかり合う好敵手

アナタが唯一情や立場でなく、「力」で通じ合える相手です。強さに貪欲な義弘タイプは、いつか最強のアナタと張り合える存在になりえます。

井伊直虎 →P044へ

喜怒哀楽の代弁者

直情的な直虎タイプは、寡黙なアナタを補うように感情を表現してくれる代弁者。伝わりにくい気持ちが相手に届くよう、フォローしてくれます。

立花宗茂 →P032へ

立場が近いからこそ複雑

同じく忠義に厚い武人でありながら、立場に振り回される宗茂タイプ。嫌いにはなれないのですが、その姿を見ていると複雑な気持ちになります。

豪放磊落《ごうほうらいらく》

前田利家

9月23日▼10月23日 B型

「一つを守るに命を懸ける！
それが それがしだ！」

基本性格

●明朗快活な気のいい兄ちゃん

穏やかで人柄がよく、誰にでも分け隔てなく接することができるアナタは、多くの人に慕われます。表裏のない実直な性格もあいまって、時折見せる情けない姿もかえってチャーミングに映ります。

●大事なもののためなら裏切りすら選ぶ

守るべきものを何よりも大切にするアナタ。そのためならば自分の体面や命すら惜しくないと考え、忠義よりも身内を守ることを選択します。やむを得ないこととはいえ、心優しいアナタの胸中には謀反の負い目がとどまり続けるでしょう。

●人を支え、導く眼を持つ

後進の成長を支える度量を持ったアナタ。他人の心情を慮ることができ、そのためのアドバイスをする面倒見の良さもあります。観察眼が鋭いというよりは、他人の立場でものを考えられるのでしょう。

仕事　ぬくもりのある仕事場が吉

誰かのために働くことを喜びとします。細かいことや坦々とした作業は苦手。みんなを支え、そして支えられ、叱咤激励を受けることで力を発揮します。

恋愛　本心から想う甘く誠実な愛

愛しさを隠すことができないアナタは、恋人と二人きりの世界に突入することも。それでも決めるときはきちんと決める。誠実な愛を持っています。

将来　頭から補佐役へさらなる躍進

後進に役職を譲り、支えることを選ぶでしょう。根が生真面目なアナタは肩の荷を下ろしたことで、本来の野生児の顔を取り戻してさらに躍進します。

らいばるとの相性

まつ→P096へ

飴と鞭でアナタを支える相棒

しっかり者で愛情深いまつタイプは、甘やかすときは甘やかし、ときに尻を叩き、背中を押してくれる存在。公私ともに支え合えるパートナーです。

前田慶次→P070へ

まだまだ未熟な有望株

新しい価値観を持つ慶次タイプの将来性を見出し、将として支えようとします。慶次タイプも、アナタの期待に応えようと奮闘してくれるでしょう。

宮本武蔵→P076へ

思うままに進む似た者同士

表情豊かで元気いっぱいの武蔵タイプとアナタは似た者同士です。なんの気兼ねすることなく、一緒においしいご飯が食べられそう。

柴田勝家→P022へ

気にかかる厭世家

心根の優しいアナタは、勝家タイプの心情を推し量り、頑なな心を溶かそうと気にかけます。その言葉が届くには、根気と時間が必要でしょう。

疾風翔慟《しっぷうしょうどう》

風魔小太郎

9月23日▼10月23日 O型

基本性格

●本心は自分さえわからない？

無口で表情筋もめったに使わないアナタは、誰もその真意を読むことができない謎の人物。理解し察しようとしてくれる人もいますが、アナタはその人たちの言葉に肯定も否定も示しません。そこがミステリアスなアナタの魅力ですが、もしかすると、自分すら本音がわからないのかもしれません。

●黙々坦々、無音の遂行者

自分の意見を表に出すことは滅多になく、与えられた役目を坦々とこなす仕事人です。その仕事っぷりは見事の一言で、伝説とまで言われます。ただ、交渉ごとは苦手のようです。

●胸に秘めたさりげない想い

受動的で自分から何かを発することのないアナタですが、忠義に厚く、人に親切な顔が垣間見えます。ふと見せる血の通った人間らしさが魅力です。

仕事　集団は苦手な孤高の仕事人

与えられた指示は確実にこなすものの、コミュニケーションをとるのは苦手。集団よりも一人で作業をするほうがはかどる職人気質です。

恋愛　相手本位で勝手に進行!?

自ら歩み寄ることは少ないですが、心根の優しさにほれ込む人が現れます。無口だからこそ、良い意味でも悪い意味でも誤解されやすいでしょう。

将来　待ち受けるは苦悶の道

かつて仕えた場所をなくし、戦いに身を投じることになります。それでも過去を捨てることはできず、しばらく思い悩むことになりそうです。

らいばるとの相性

松永久秀 →P102へ

心地よい距離感の雇い主

アナタを駒のように扱う久秀タイプ。アナタにとっては変に情を掛けられるよりも気が楽で、ビジネスライクに付き合うことができます。

鶴姫 →P038へ

妄想の余地のある沈黙は吉

夢見がちで善意の塊の鶴姫タイプは、アナタの無言を好意的に解釈し、勝手に好感度を上げていきます。アナタもついつい手を貸してしまうことに。

猿飛佐助 →P068へ

憧れか嫉妬か。ゆがんだ執着

同じ土俵に立つ佐助タイプにとって、アナタは不気味で邪魔な存在。アナタを探るため、一方的に突っかかってくることが多そうです。

かすが →P028へ

妖か何かのような扱い

感情的で精彩なかすがタイプから見ると、本心が読めないアナタはとにかく不気味で謎な人物。理解しようとはしてくれますが、骨が折れそうです。

一刀必殺《いっとうひっさつ》

島津義弘

9月23日▼10月23日 AB型

「オイの策はまだ終わりでねえど!」

基本性格

●パワフルでいて冷静な権謀家

男気溢れる豪胆な性格でありながら、冷静に策略を巡らせる知性的な一面を持っています。特に相手を罠に誘い込むような用意周到な策を得意とします。剛腕と細やかな計画性を兼ね備えた歴戦の勇士です。

●気のいいみんなのおじいちゃん

強い力を誇りながら、驕ることなくむしろあっけらかんとした気のいいアナタは、みんなに好かれるユニークなおじいちゃんのような存在。豪快、大胆でありながら、豊かな経験を感じさせる落ち着いた佇まいを持っています。

●自らに試練を課す厳しさも

強大な力を持ちながらも、それを誇示しない人格者なアナタ。しかしそんな温かな心を、高みを目指すために自ら押し殺そうとします。自らを鬼と称し、冷酷であろうとふるまいますが……。

仕事 敵さえ絆す面倒見の良さ

まわりの面倒をよく見て気配りを欠かさないアナタは、多くの人に慕われます。それは部下だけでなく、敵対する相手でさえ認めさせるでしょう。

恋愛 包み込むような深い愛情

大らかな心で人を愛せるアナタ。厳しいところもありますが、それが愛ゆえであると誰もが納得してくれます。信頼し合う良き伴侶に恵まれるでしょう。

将来 心を鬼とし得るものとは

アナタはさらなる高みを目指し、己に厳しい試練を与えます。切り捨てたものはアナタの核というべきもの。「鬼」となり、何を得るのでしょうか。

らいばるとの相性

宮本武蔵 →P076へ

まるで家族のような関係に

何事にも真っ向から挑む武蔵タイプとは、性質がよく似ておりとてもウマが合います。まるで兄弟（姉妹）や親子のように、懐き、懐かれる間柄になりそう。

上杉謙信 →P094へ

落ち着きのある大人な関係

同じく高みを目指す謙信タイプとは、腕を磨き合うライバルとなります。切磋琢磨し、じっくりと語り合うことができる、大人な友情を築けます。

立花宗茂 →P032へ

価値観の合う古き良き武士

武勇、人格ともに優れた武人の宗茂タイプとは、守るべきものや考え方が近しく、友好な関係に。ただし、宗茂の上司が絡めば話は別です。

本多忠勝 →P080へ

いつか倒すべき宿敵

力を求めるアナタにとって、最強の名をほしいままにする忠勝タイプは手ごわい好敵手。綿密な準備をし、そのときを迎えましょう。

虚張声勢《きょちょうせいせい》

今川義元

10月24日▼11月22日 A型

「よきにはからえ、よきにはからえー!」

基本性格

●マイペースな自信家

選民意識が強く、自分が選ばれた人間であると考えています。そのため自らの実力を見誤ることも。ただ、まずいと思ったら真っ先に逃げ出す瞬発力を持っているので、大事に至ることはあまりないでしょう。自分の作戦に自信をもって突き進む強引さがありながら、即撤回する切り替えの早さが長所です。

●感情はいつでもてんてこ舞い

感情の起伏が激しく、さっきまで怒っていたと思えばもう笑っている、ということが多いです。高飛車でありながら良い働きを褒める素直さがあり、信頼はされずとも嫌悪されることは少ないでしょう。

●趣味に関しては鋭い観察眼!?

趣味については一家言があるアナタ。ときに達観した鋭い意見を発します。それは趣味に対する、アナタの誇りの高さの表れなのかもしれません。

仕事 逃げてばかりじゃはじまらない

雅さを何より至高と考え、汗水たらすことを良しとしません。嫌なことはできるだけ避けて通りたいものですが、抜け道にも落とし穴が待っています。

恋愛 好くことより好かれる努力を

人間味があってユニークなアナタは、それを面白がってくれる人と良い関係を築けるでしょう。ただ、相手を思う気持ちを持てなければそれまでです。

将来 崇高と滑稽は紙一重でおじゃ

自分に絶対の自信があり、どこまでも突き進むことができます。ただ、盲目になりがちな性分を自覚しないと、取り返しのつかないことになるでしょう。

らいばるとの相性

最上義光 →P050へ

考え方が似ている趣味仲間

義光タイプとアナタは、趣味に生きるという点でとても意見が合います。仕事に対する考え方も近く、よき友人となるでしょう。

徳川家康 →P056へ

子どもか孫のような存在？

家康タイプの弱さを知るアナタは、家康タイプがかわいくて仕方ありません。つい我が子のようにかまいますが、相手も悪い気はしていません。

千利休(ワビ助) →P064へ

先に悟りを開いた同じ穴の狢

争いが嫌いで趣味に生きることを望むワビ助タイプとはいい茶飲み友達になれます。お互いに人を見ぬく目を持っているのでケンカも起こりません。

浅井長政 →P074へ

アナタの好意をお節介扱い

愚直な長政タイプは、ついお節介を焼いてしまいたい相手。ですが、相手にはアナタの好意が余計なお世話と思われて敬遠されてしまいます……。

南蛮我道《なんばんがどう》

ザビー

10月24日▼11月22日 B型

基本性格

●愛ミナギル活動家

愛こそすべて、愛さえあれば世界は平和……そう信じて疑わない愛情に満ち満ちたアナタ。自身の考えを広めようとする熱い信念と、その信念を後押しする溢れんばかりの行動力と実行力の持ち主です。

●目標設置、即行動！計画は苦手デース

行動力はあれど、短絡的な思考から目的を見失いがち。自分に足りないものを見つける冷静さがありながら、活動を始めると目的を忘れて手段に没頭してしまうことも。目的を定めたら即行動に移せるのですが、長期的な計画を定めるのは苦手なようです。自分で自分の成果を台無しにしないようご用心。

●細かいことは気にシナーイ

大義のためなら些末なことなどお構いなし。目的のためには手段を選ばず、細かな矛盾は気迫で押し切るエネルギッシュな強引さがあります。

仕事　得るべきは堅実な腹心

柔軟な発想と有り余る行動力を持っていながら、暴走しがちなアナタ。頼れる部下を持つことで、アナタが本当にやりたいことを推し進められます。

恋愛　たとえ善意でも押しつけは厳禁

ただ一人を愛するというよりは、分け隔てなく愛を配る博愛主義者の一面が。ただその愛も、相手にとっては押し売りに見えることも……。

将来　ザビー有らずも教えは残る

大きな野望を持ったアナタは、たとえ異国の地であろうと精力的に活動します。アナタを排除しようとする動きも出ますが、遺志を継ぐ者も現れます。

らいばるとの相性

大友宗麟→P060へ

遺志を継ぐサクセッサー

アナタの考えに賛同し、その後継者となるべく自主的に活動を続けてくれる宗麟タイプ。ただし注意しないと、だんだんと別物になっていくことも。

毛利元就→P106へ

得難い伝説のタクティシャン

はじめは意見の相違から衝突しますが、アナタの熱心な話しぶりに心を開いてくれます。アナタの足りないところを補う参謀となるでしょう。

本願寺顕如→P108へ

相容れないアンチビリーバー

思考の根っこはよく似ているのですが、その拠り所が極端に異なる顕如タイプ。意見が合わないのなら筋肉で語り合うしかないようです。

いつき→P062へ

信仰で対立するエネミー

信じるものの違いから、どうやっても対立してしまいます。どちらも純粋だからこそ、自分の信念を曲げることができないのです。

征天魔王《せいてんまおう》

織田信長

10月24日▼11月22日 O型

「余は全てを征する者ぞ…」

基本性格

●高慢でなく実力を備えた自信家

傲慢で驕り高ぶった性格のアナタ。ただしアナタの場合、実際に知性と行動力を兼ね備えた裏付けのある実力者です。本当のアナタを知る人からは認められますが、その態度は敵を作りやすいでしょう。

●他者をはねのける鋼の態度

冷徹で厳しく、人から恐れられることが多いでしょう。言葉数が少ないために誤解されることもしばしば。アナタも理解されようとは思っていないところがあります。ほんの少しでも周囲に気を向けていないと、いつか足元を掬われるかも？

●懐は広くも情はなし

器が大きく、一度くらいの失敗で手打ちにするような器量の狭さはありません。ただしそこに情があるわけではなく、ただ興味がないから放っているだけ。反逆者すら「その他大勢」でしかないのです。

仕事 持てる力で進むワンマン

賢く力のあるアナタは、持てる力を存分に使って目標へと突き進みます。ワンマンな仕事ぶりは反感を生みますが、周囲の意見など気にしません。

恋愛 見えにくい愛情の持ち主

愛情表現とは無縁なアナタですが、その言葉や態度の端々からは親愛が漏れ出しています。固い表情に隠した温かな愛は、必ず相手に届くはず。

将来 圧倒的な力で天下をその手に

野望もその叶え方もザ・シンプルな力押しのアナタ。その圧倒的な力で栄華を極めます。前しか見ないやり方も良いですが、思わぬ伏兵に注意です。

らいばるとの相性

濃姫→P098へ

アナタを支える拠り所に

愛に満ちた濃姫タイプは、野望に燃えるアナタの人間味を支える拠り所。言葉がなくとも理解し合えるパートナーになれます。

森蘭丸→P104へ

なんでも吸収する有望株

今は未熟でも、アナタに認められようと一生懸命な蘭丸タイプ。その必死さにアナタは興味をそそられます。いろいろと任せてみると良いでしょう。

お市→P048へ

なぜか放っておけない妹分

自虐的なお市タイプと自信家なアナタは正反対の性格ですが、どこか親近感を得ます。心の根っことなる性質が近しいのかもしれません。

天海/明智光秀→P046へ

放っておくと命取り!?

能力があり、忠実な光秀タイプ。他人の性格や性質に興味のないアナタは気にせず重用しますが、気をつけないととんでもない事態に発展するかも。

神速聖将《しんそくせいしょう》

上杉謙信

10月24日▼11月22日 AB型

「ねむりなさい、わたくしの手の中で」

基本性格

●凛とした姿はまるで高嶺の花

物腰が柔らかく穏やかな雰囲気を持ちながら、底の見えない神秘性を持つアナタ。親しみやすさよりも近寄りがたい印象を持たれることが多いでしょう。

●才を驕らず、補佐に回ることも

どんなときでも冷静で取り乱すことなく、状況を理解し、最善の手を打つことができる鬼才です。その観察眼は人の機微にも向いていて、出会うべき人たちを引き合わせる橋渡し役も務めます。高い実力を持ちながらも表に立つことは好まず、より将としてふさわしい人を立てる奥ゆかしさがあります。

●冷静な仮面の下に燃える熱い闘志

大義のためなら自らの望みを後回しにする理性的な大人の顔の下に、自身の限界に挑戦したがる苛烈な心を隠しています。はたから見れば意外な一面は、一部の限られた好敵手のみが知るところでしょう。

仕事 最善を求める采配者

他人の得手不得手を見抜く観察眼を持つアナタ。自分でこなせる仕事であろうと、より良い結果を求めて適任者を抜擢する采配センスを持っています。

恋愛 大人すぎて物足りない？

理性的なアナタの愛は、情愛よりも親愛に近い穏やかなもの。ただ、それを物足りなく感じる人もいます。大切な人は存分に「特別扱い」してあげましょう。

将来 公私にわたり将を支える腹心

他人にも高みを目指すことを求めるアナタは、たとえ自分が仕える相手でさえより完璧さを求めます。他人のために奔走する意義を得るでしょう。

らいばるとの相性

武田信玄→P100へ

正反対に見えて似た者同士

一見すると正反対なタイプですが、策略を得意とし、大人な人格者同士気が合います。内に秘めた闘志を全力でぶつけあえる間柄になりそう。

かすが→P028へ

アナタを慕うヤキモチやき

アナタのことを心から慕うかすがタイプは、陰ながらアナタを支える良きパートナー。ただ、他の人と仲良くしているとヤキモチを焼くことも。

島津義弘→P086へ

価値観の近い温厚な御仁

温かく人間味のある義弘タイプは、アナタにとって話がわかる友の一人になります。争うことなく、じっくりと腰を据えて語り合えるでしょう。

後藤又兵衛→P066へ

和解も回避も難しい執着者

アナタを執拗に追い続ける又兵衛タイプには、基本的に何を言っても取り付く島もありません。放っておくとアナタの周囲を脅かす存在になります。

賢才瞬麗《けんさいしゅんれい》

まつ

11月23日▼12月21日 A型

「人も国も、支える柱は食にあり！」

基本性格

●慎みと自信を兼ね備えた立ち振る舞い

真面目で丁寧、慎ましやかでもてなし上手のアナタ。細やかな気配りで他人を立てることを得意とする一方、得意な領域では自信と誇りを見せます。

●分け隔てない面倒見の良さ

アナタの面倒見の良さは万人に向かったもので、たとえ立場が上の人であろうとも、忠告すべきときは忠告し、叱りつけなだめることさえできます。そんなときでさえ礼儀を欠かすことはなく、そのために反感を買うことは少ないでしょう。度胸と正義感のある、一本芯の通った心の強さを持っています。

●ストレスは溜め込まないメンタル美人

自分の意見をきちんと主張するアナタですが、ときに耐えることも必要だということを知っています。ただしストレスの発散方法も心得ているので、自暴自棄になることは滅多にありません。

仕事　健康管理もお手の物！

気配り上手なアナタは、前線に出るよりも後方支援を得意とします。体が資本という考えから、みんなの健康管理まで引き受けてしまうことも。

恋愛　愛し方はさながら飴と鞭

愛情を表現するのが得意で、周囲にラブラブぶりを見せつけます。真に相手のことを考えた愛し方をし、必要であれば厳しい檄を飛ばすこともあります。

将来　内助の功で将の一助に

将と決めた人を優しく、ときに厳しく支える内助の功を見せます。自ら天下を取るタイプではありませんが、素晴らしい支援者となるでしょう。

らいばるとの相性

前田利家 →P082へ

尊敬し合える素晴らしき相方

利家タイプの実直さはアナタにとても好ましく映ります。手を取り合い、並んで歩くことができる最高のパートナーとなるでしょう。

井伊直虎 →P044へ

ついかまいたくなる女大将

家を守ろうとする真っ直ぐな強さを持ちながらも、自分に自信が持てない直虎タイプ。その意志の強さに感服しつつ、つい放っておけない存在です。

小早川秀秋 →P036へ

畑は同じも精神論で食い違う

同じ分野でしのぎを削る好敵手になりえますが、自分本位な秀秋タイプとアナタは、思想の面でなかなかわかり合えないようです。

最上義光 →P050へ

相反する忌むべきエセ紳士

長いものに巻かれる保身的な義光タイプは、アナタがもっとも嫌悪すべき存在。誇り高く誠実なアナタにとって生理的に受け付けない存在です。

繚乱無比《りょうらんむひ》

濃姫

11月23日▼12月21日 B型

「上総介様、濃めが修羅になりますれば…！」

基本性格

●愛に溢れたゴッドマザー

人に寄り添い、支えになろうとするひたむきな愛情を持っており、たとえ敵であろうと他者を虐げることを良しとしない慈愛の人です。ときにその優しさは、視界を曇らせる靄になることも。

●マムシの娘の顔は表向き

心根が優しく、本来争い事が苦手なアナタ。しかし状況に合わせてその心を隠し、冷酷になろうと努めます。自身を奮い立たせて気丈にふるまえる強い精神力が、その覚悟を支えます。自分は自分と割り切れればよいのですが、他者の期待に添えようとする気持ちがそれを許しません。

●ときに野心が覗くキングメーカー

心に決めた人を支え、押し上げようとする内助の気持ちが強いアナタ。それは純粋な本心ですが、ときに野心家のマムシの娘の血が騒ぎます。

仕事　背中を預かるサポーター

人を率いるよりも、後方からの援護射撃や支援を行うのが得意なアナタ。気配り上手で、その優しさから部下にも好かれるでしょう。

恋愛　一心に思うひたむきな愛

心に決めた人を生涯愛し抜く、深く強い愛情を持っています。相手がどんな一面を見せても、そのすべてを愛し、理解しようとします。

将来　拠り所は一つじゃない！

誰かを思う気持ちが強いアナタですが、いつかその拠り所を失う時を迎えます。でも大丈夫、アナタを支えてくれる人がすぐそばにいるはずです。

らいばるとの相性

織田信長

→P092へ

恐ろしくも強く惹かれる存在

口数が少なく厳しい信長タイプですが、アナタの献身に深い信頼を向けてくれます。言葉はなくても、心で通じ合える強い絆を築けます。

森蘭丸

→P104へ

アナタに寄り添う小さな太陽

純真無垢な蘭丸タイプは、母性的なアナタを心から慕ってくれます。くるくると表情を変える姿に、アナタは安らぎを覚えます。

まつ

→P096へ

安定感のあるしっかり者

精神的に安定感があり、しっかり者のまつタイプは、優しすぎて盲目になりがちなアナタを優しく、ときに厳しくたしなめてくれる良き理解者です。

天海/明智光秀

→P046へ

取扱注意の不発弾

意見は合うのにその過程や信条でそりが合わない光秀タイプ。今はまだ問題ありませんが、何かのさっかけで大激突してしまう可能性が。

戦神覇王《せんじんはおう》

武田信玄

11月23日▼12月21日 O型

「ワシの眼が黒い内は、何人たりとも好きにはさせん!」

基本性格

●パワーと知性で導く総大将

豪快でパワフル、一見すると力押しにも見えますが、実際は細やかな采配を振るう知識人。声が大きく覇気のある一方で、落ち着きを持った頼れる大将です。

●部下の成長を促す人格者

器が大きく暑苦しいほどの包容力を持ったアナタ。リーダーとしてまわりを鼓舞し引っ張るだけでなく、部下を信頼して重要な役割を任せることもできる柔軟さがあります。迷いのある人には誠実に教えを説き、人の心に寄り添う人格者です。ときには言葉だけでなく、背中や拳で語ることも!?

●衰え知らずの不死身の虎

負け知らずで気力に満ちたアナタも、病気には敵いません。まわりの人たちがアナタの不在をしっかりと支えてくれますので、無理せずゆっくりと休みましょう。今以上の状態で復帰できるでしょう。

仕事 後輩の育成に優れた指導者

自分の仕事はもちろん、的確に仕事を割り振る広い視野を持っています。さらに任せっぱなしでなく、きちんとフォローにも回れる良き指導者です。

恋愛 相手を思いやる大人の恋愛

豪快でありながら細やかな気配りができるアナタは、そのギャップで多くの人をメロメロにします。誠実で穏やかな愛を育めそうです。

将来 前線を退いても影響力大!

信頼のおける部下を多く持つアナタは、早々にリーダーの座を明け渡すことを考えます。先を見据えたその志は、次代を担う者が受け継いでくれます。

らいばるとの相性

上杉謙信 →P094へ

同じ道を歩むからこその“宿敵”

静と動ともいえる対極的な謙信タイプですが、ぶつかるたびに奇妙な友情が芽生えます。志を同じくするからこそ、避けては通れない好敵手です。

真田幸村 →P018へ

眩ゆいばかりのまっすぐさ

心から慕ってくれる幸村タイプ。そのまっすぐな心に、アナタも誠実に応えようとします。ときには立場を超えて、全力でぶつかりあえる相手です。

猿飛佐助 →P068へ

皮肉が交じるも献身的

ゆるい態度の裏に隠した本来の顔を見出すことで、佐助タイプはアナタの手足となって力を貸してくれます。漏れる愚痴には目をつぶりましょう。

本願寺顕如 →P108へ

同じ肉体派！だけども……

身体を鍛えることについては意見が一致するものの、その他はなかなか反りが合いません。健全な精神が健全な肉体に宿るとは限らない？

天我独尊《てんがどくそん》

松永久秀

11月23日▼12月21日 AB型

「無益な時間だった…とは、言いたくないのだがね」

基本性格

●尽きぬ欲望を従えた蒐集家

己の欲望に忠実で、それが人生の真理であると考えます。自分が求めるものはどんな手を使ってでも手に入れようとします。そしてアナタの求めるものは、形ある物にとどまらず、人の心にまで及びます。

●人心掌握に優れた悪のカリスマ

静かなる過激派のアナタですが、人と接するときはとても礼儀正しく、高い知性に裏打ちされた優雅な振る舞いをします。相手の本質を見抜く慧眼、欲望のままに動く執着、そして動じない余裕のある振る舞いに、恐れながらも魅了される人は多いでしょう。アナタに反発する人ほど、アナタに惹かれています。

●貫くは天上天下唯我独尊

理想や信義といったものが好きではなく、偽善的だと思ってしまいます。己のために生きるのが何よりという、どこまでも純粋な考えの持ち主です。

仕事 人を操る高いカリスマ性

高いカリスマから多くの信奉者を持つアナタ。的確な指示で場を掌握することに優れます。ただ、大一番では己の欲望のままに先陣を切ります。

恋愛 外面のいい油断のない梟

本質を察することができるアナタは、当たり障りのない付き合いはとても得意。他者をあしらいながら、本命は逃さない猛禽類の目を持っています。

将来 次から次へと欲望のままに…

アナタの蒐集欲は尽きることなく、壊しては集め、集めてはまた壊しの繰り返しです。いつでも得られるのは一時の満足だけで、それを追い続けます。

らいばるとの相性

風魔小太郎→P084へ

無限の可能性を秘めた玩具

ミステリアスな小太郎タイプは、本心が読みにくくまるで無のような存在に思えます。これまで出会ったことのない性質に好奇心をくすぐられます。

千利休(ワビ助)→P064へ

自分にはない特異な才能

ワビ助タイプの持つ他者の心を敏感に感じ取る力は、アナタには持ちえないもの。すべてを知りたいというアナタの探究心に火をつけます。

千利休(サビ助)→P030へ

自己犠牲の何たるかを知る

他者のために自分を犠牲にできるサビ助タイプ。他人に興味を持てないアナタにとって知りえない感情を持つ相手に、興味をそそられます。

足利義輝→P016へ

底の見えない完全なる存在

あらゆる才に恵まれた義輝タイプは、アナタにとってつまらないものであり、うらやましい存在。その内側にあるすべてを見たいと欲します。

破邪清真《はじゃせいしん》

森蘭丸

12月22日▼1月19日 A型

「よーし、信長様に認めてもらうんだ!」

基本性格

●愛嬌のあるまっすぐな性格

まっすぐで豪胆、向こう見ずで負けん気が強く、目上の人にでも生意気な態度をとってしまう子どもっぽいところがあります。そこがアナタの愛される魅力ですが、相手を選びそうです。

●向上心が強くひたむきな心

「尊敬する人に認められたい」という強い思いを胸に、自分を信じて突き進むことができます。困難も伴いますが、そんなアナタをサポートしてくれる人がすぐそばにいるはず。

●危うさを秘めた「魔王の子」

好奇心旺盛で甘い物や珍しいものが好きなアナタの童心には、子ども特有の残酷な無邪気さも秘められています。熱中するあまり、善悪の感覚が希薄になってしまうこともしばしば。悪意のない残虐さに、「魔王の子」と恐れの対象になりかねません。

仕事 難題にも挑戦 果敢な向上心

早く一人前として認められたいアナタは、何事にも一生懸命。少し背伸びが必要な難題にも果敢に取り組み、きちんと成果を出せるでしょう。

恋愛 目標に向けて 恋愛は二の次?

尊敬する人に認められ、一人前になることが最優先のアナタにとって、恋愛はまだ縁遠いもの。焦ることなく機が来るのを待ちましょう。

将来 いつかは 第一の臣下へ

持ち前の負けん気でどんどん物事を吸収していくアナタを、周囲は徐々に認めてくれます。魔王の「子」でなく、第一の臣下になる日も近い?

らいばるとの相性

織田信長
→P092へ

厳しいばかりではない強者

大きな器を持ち、厳しいながらもアナタを受け入れてくれる信長タイプ。はじめは軽くあしらわれますが、アナタの頑張りに信頼を寄せてくれます。

濃姫
→P098へ

成長を見守る母のような存在

優しい心根を持つ濃姫タイプは、無鉄砲なアナタを心配しながらも温かく見守ってくれます。お互いに親愛する、穏やかな関係が築けます。

いつき
→P062へ

信念を持つ似た者同士

お互いに子どもっぽいところのあるいつきタイプとは、意見の違いからよく衝突します。お互いを理解し合えれば、良さ友人になれるかも？

天海/明智光秀
→P046へ

一触即発、不倶戴天!?

何を考えているのかわからない光秀タイプは、アナタにとっていけ好かない存在。何をしてもそりが合わず、仲違いしてしまいます。

詭計智将《きけいちしょう》

毛利元就

12月22日▼1月19日 B型

「全ての事象は、我が盤上にあり…」

基本性格

●冷淡な実益主義者

非常に利己的で、基本的に信じるものは己のみ。目的のために他者を騙し、蹴落とすことすら厭わない冷酷な策略家です。自分の考えに自信をもっており、他人に対しては器量が狭くなりがちな頑固者ですが、利害さえ一致すれば手を取り合うこともできます。何よりも実益を望むタイプです。

●弱点は突発的な事態

自分の領域を守ることを第一に考え、ときには退くことも必要と割り切れますが、堅実で完璧な策を練るからこそ、予想外の出来事は苦手。計算外のことが起こると冷静さを取り戻すのに時間がかかります。

●理解者を必要としない孤高の将

知力も実力もあるからこそ、どこか他人を見下してしまうこともしばしば。自分を理解できるのは自分だけでいいと考えて孤立してしまわないようにご注意。

仕事 協力プレイは不得手

策を講ずるだけでなく、実行力を兼ね備えています。ただし誰かと協力したり、相談したりして何かを成すのは苦手。ワンマンな仕事をしがちです。

恋愛 出会いによって覚醒の可能性

愛や情といったものを平気で切り捨てるアナタですが、衝撃的な出会いによって180度考えが変わってしまうことも。まるで別人のように覚醒します。

将来 野心を持ち世界へ飛び出す

周囲の安泰を望んでいたアナタですが、力をつけたことによって野心が芽生えます。無謀なことはせず、堅実に天下を取るための算段を立てましょう。

らいばるとの相性

大友宗麟→P060へ

懐かしきあの場所への誘い

ハッピーでアッパーな宗麟タイプは、アナタにとって忘れたい過去が諸手を振っているような存在。心から意気投合できますが、何かを失うかも。

ザビー→P090へ

新たな世界へ導く先導者

愛の伝道師であるザビータイプは、実益主義のアナタに新しい世界を教えてくれる存在。話を聞いているうちにすっかり愛の虜です。

大谷吉継→P058へ

ビジネスライクな関係

策略を得意とする吉継タイプは、価値観が近いために話しやすい相手です。仲間意識を必要としない分、かえって付き合いやすいでしょう。

長曾我部元親→P052へ

信条が異なる犬猿の仲

義に厚い性格の元親タイプは、実益を求めるアナタにとっては理解しがたい相手です。避けたくとも、不思議議な縁で何度もぶつかることになりそう。

信財成皇《しんざいせいおう》

本願寺顕如

12月22日▼1月19日 O型

「この世に買えぬモノは無し！ ガハハ！」

基本性格

●思考の軸は筋・力・本・願！

価値があるものは金と筋力と豪語する、良くも悪くもわかりやすい価値観を持っています。自分が信じるものや求めるものが明確になっているため判断が早く、くよくよ迷うことはありません。

●倫理や割り切れないものは苦手

豪快で派手好き、金で買えないものはないと極端な現実主義のアナタは、他人の感情の機微や情に疎いところがあります。竹を割ったような清々しさもアナタの魅力ですが、情や愛といった精神的なものにも向き合う努力をしましょう。

●着実に筋肉と金を育てる堅実家

お金にがめついところがありますが、それは堅実家であるともいえます。お金と筋肉を保つには日ごろの節制と管理が不可欠。豪快に見えて、実は地道で手堅いしっかり者なのです。

仕事 金と筋肉で進む豪胆な実業家

どんな相手にでも臆せず向かっていく豪胆さを持ち、商売上手なアナタは、会社の歯車になるよりは自らすべてを管理する実業家に向いています。

恋愛 金で買えないモノもある！

極端に即物的な考えを持つアナタは、愛ですらお金で買えると考えているところがあります。もちろんお金は大事ですが、すべてではないのです。

将来 金の力で魔王にすら対抗

パワフルさと財力を存分に発揮し、勢力を拡大していきます。煩悩を原動力に突き進むことで魔王にすら対抗できるほどの力を持つことができます。

らいばるとの相性

いつき →P062へ

妙にウマが合う凸凹コンビ？

子ども好きなアナタにとって、純真無垢ないつきタイプはついついかわいがりたくなる相手。向こうもアナタの豪快さに興味津々です。

宮本武蔵 →P076へ

最強の筋肉を求める同志に？

やんちゃで粋がる武蔵タイプ。はじめはアナタに突っかかってきますが、一度ぶつかれば意気投合し、ともに力を求める筋肉仲間になるかも!?

ザビー →P090へ

理解できない愛の伝道者

愛を求めるザビータイプと、現実主義者のアナタ。わかり合えるのは筋肉のみですが、その点でも張り合って仲良くなるのは難しそうです。

武田信玄 →P100へ

情と金で水と油

絆と情で人をまとめ導く人格者の信玄タイプにとって、人心すら金で買うアナタは相容れぬ存在。理解できるのは筋肉のみ!?

蒼烈瞬躙《そうれつしゅんりん》

竹中半兵衛

12月22日▼1月19日 AB型

「残念だよ、君と僕は分かり合えない」

基本性格

●冷静に周囲を動かす参謀役

どんな状況でも余裕を持ち、一歩引いたところで優雅に立ち振る舞うアナタ。先頭に立って人を引っ張るよりは、大志のために何が必要か考え、最適の判断を下す参謀タイプです。物腰が柔らかでいつも涼しい顔をしていますが、相容れない人には声を荒げる苛烈さを隠し持っています。

●他人への評価は言い方に注意

狡猾さがありながら、たとえ敵であろうと他人の才能を称賛できる素直さも持ち合わせています。ただ、その評価はどこか上から目線。反感を買わないよう気をつけましょう。

●周囲の愚鈍さにイライラ……

頭が良く天才肌のため、思い通りに動かない周囲にイライラしてしまうことも。余裕がなくなると結論を急ぐ短気な性格が顔を出します。

仕事　人の目利きは一家言あり!?

文句なしに仕事がこなせるアナタは、同じく才能を持つ人の発掘も得手としています。部下を育てるよりヘッドハンティングが効率的？

恋愛　人格よりも能力重視に

恋人に対して、尊敬できる一面を持つか、アナタと同レベル以上の能力を求めてしまいます。恋人というよりは高みを目指す同志のような存在でしょう。

将来　立つ鳥跡を憂う……

自分がいつまでも前線に立てるとは思っておらず、早いうちから先のことを考えて行動します。その先読みがときに焦りを生じさせることも……。

らいばるとの相性

豊臣秀吉 →P078へ

心から尊敬できる良き相棒

お互い信頼し、補い合える良き相棒となります。自分にないものを持つ秀吉タイプを尊敬するあまり、心配をかけまいと隠し事をしてしまうことも。

大谷吉継 →P058へ

後継として立ち回りに期待

冷静で広い視野を持つ吉継タイプに、アナタは自分に近しいものを感じます。自分のポジションの後継者として期待を寄せますが……。

黒田官兵衛 →P026へ

使いどころの難しい野心家

能力はあっても野心家の官兵衛タイプは、正直アナタの手に余る存在。扱いを間違えると、アナタの望む安定に風穴を開ける存在になりえます。

後藤又兵衛 →P066へ

敵になりえる取扱注意人物

憧れの存在として慕われますが、アナタにとってあまり関わり合いたくないタイプ。だからといって邪険にすると、“又兵衛閻魔帳”に加えられるかも。

戦国BASARA らいばる占い

戦国BASARAらいばる占い制作委員会・編

【原作】
カプコン『戦国BASARA』シリーズより

【編・文】
戦国BASARAらいばる占い制作委員会
石川悠太／笹口真幹（スタジオ・ハードデラックス）
遠藤圭子
佐藤広大（ワニブックス）

【装丁・本文デザイン】
石本遊／岡澤風花（スタジオ・ハードデラックス）

【イラスト】
ゆーぽん（ニトロプラス）

【監修】
株式会社カプコン

2015年12月5日初版発行

【発行者】
横内正昭

【発行所】
株式会社ワニブックス
〒150-8482 東京都渋谷区恵比寿4-4-9えびす大黒ビル
電話03-5449-2711（代表）

【印刷】
大日本印刷株式会社

ISBN 978-4-8470-9405-7